一学就会的

销售心理学

李哲远◎著

中国出版集团
现代出版社

图书在版编目(CIP)数据

一学就会的销售心理学 / 李哲远著. —北京 : 现代出版社，2017.5

ISBN 978-7-5143-5913-8

Ⅰ. ①一… Ⅱ. ①李… Ⅲ. ①销售－商业心理学－通俗读物 Ⅳ. ①F713.55-49

中国版本图书馆CIP数据核字(2017)第066305号

一学就会的销售心理学

作　　者　李哲远
责任编辑　魏　巍
出版发行　现代出版社
通讯地址　北京市安定门外安华里504号
邮政编码　100011
电　　话　010-64267325　64245264（传真）
网　　址　www.1980xd.com
电子邮箱　xiandai@vip.sina.com
印　　刷　三河市金泰源印务有限公司
开　　本　710mm × 1000mm　1/16
印　　张　19
版　　次　2017年6月第1版　2017年6月第1次印刷
书　　号　ISBN 978-7-5143-5913-8
定　　价　39.80元

前　言

作为一名销售人员，我们经常会有这样的困惑：

为什么自己费尽口舌说了一大堆，客户就是不买账？

为什么无论自己如何信誓旦旦地一再保证不会有问题，客户仍然持怀疑态度？

为什么有时虽然之前的沟通非常顺畅，但最后要成交时客户却突然反悔？

为什么一个自始至终看起来稳操胜券的大单，却一夜之间就被竞争对手无情地夺走？

世界权威销售培训师博恩崔西曾明确指出，销售的成功与销售人员对人心的把握有着密不可分的联系。在销售行业中有一句名言："成功的推销员一定是一个伟大的心理学家。"销售人员在业内的地位如何，能取得什么样的销售业绩，在很大程度上取决于其对顾客与顾客心理的掌控能力。

销售是一门艺术，用最动人的语言敲开客户的心门；销售是一门科学，用最合理的逻辑消除客户的疑虑；销售是一门技巧，用最恰当的方式实现销售的目标。无论是此前时代成功的销售大师和精英原一平、乔·吉拉德等，还是商业时代的李嘉诚、马云等深具影响力的成功人士，都谙熟心理运用技巧，具备一流的销售能力。

销售是一场心理博弈，成败之间，全在双方心理上的你来我往、斗智斗勇。在销售过程中，销售人员只有熟练应用心理学策略，才能从根本上化解销售中的难题，从而立于不败之地。销售人员不懂心理学，就犹如在茫茫的黑夜里行走，没有方向，就做不好销售工作。如果我们想成功地卖出产品，就必须读懂客户的内心，了解客户的心理需求，这样我们才能立于不败之地。所以说，销售精英往往都是心理学大师。

本书是结合销售实践和最新心理学研究成果的实用工具书，对销售人员在销售过程中的不同阶段、消费者的不同心理以及销售人员应该如何面对顾客等方面都做了详细的介绍。以心理学知识作为理论基础，汇集了大量相关的销售实战案例，并提出应对建议和攻心策略，其中包括：销售洞察术、销售读心术、销售说服术、销售攻坚术、销售掌控术、销售迎合术、销售沟通术、销售博弈术、销售排异术、销售人脉术等十大销售心理学，从各个方面教你如何看透与掌控客户的心理，并告诉你作为一名优秀销售人员必备的心理素质和能力素养。让销售新人成功进入销售职场，让普通销售人员逐步成为销售冠军。

可以说，本书是一本非常实用的销售书籍。希望大家利用书中所给出的方式方法，将销售技巧和销售心理学进行完美结合，迅速达成交易，拿下订单。最后，祝愿大家都能实现自己的销售梦想，成为销售行业的佼佼者！

在编写过程中，本书借鉴了国内外一些广告营销学、心理学著作，参考了大量具有科学依据的文献资料，在此，向各位作者和编者表示感谢。限于编者水平，错误和不当之处在所难免，欢迎各位读者提出宝贵的意见。

目录
CONTENTS

第三章　心理迎合术：投其所好，轻松搞定你的客户

第四章　心理沟通术：让陌生成为熟悉的“快熟”法则

第五章　心理说服术：把话说到客户心坎儿上，一句顶一千句

第一章　销售洞察术：

微行为隐藏着大玄机

生活中的每个人都是不一样的，有着不一样的需求，不一样的行为举止，不一样的生活习惯。销售员要有效地激发顾客的购买欲望，就应学会如何从客户的外表形象、言谈举止、生活习惯等与销售密切相关的事物中看出客户的性格，判断客户的心理需求，并根据客户的具体情况做出具体的应对策略，做到知己知彼，百战不殆。

从外表观察客户类型

虽说人不可貌相，但人的“外在表现”能够在一定程度上反映“内在自我”。而做销售，有一个最重要的奥秘，就是要看“脸”，什么是看“脸”，就是顾客的衣着打扮、气质、反映出来的社会地位等。所以，作为销售员，如何琢磨顾客的购买能力，怎样观察顾客，也是一种能力。说得直白些，就是用“以貌取人”的方法来判断客户类型，或是判断客户的购买力。

对于销售人员，善于通过衣着打扮、察言观色来判断顾客的购买力，这是一个销售人员应具备的基本能力，更重要的是，要会以不同微笑，在不伤害别人的前提下，细分和过滤你的客户。

销售人员想要提高业务能力，首先要练“眼”，其实就是要学会从客户的衣着上准确地判断出客户的经济实力。从衣着上看，是国产名牌还是世界名牌，哪个牌子，属第几等级，搭配得如何？从言谈举止上看，还可根据顾客的“坐骑”判断他的身份和购买力。

如果你看过《福尔摩斯探案全集》就知道，在这部书中提到大侦探福尔摩斯第一次与华生见面时的情景，福尔摩斯立刻辨别出华生是一名去过阿富汗的军医。那么，福尔摩斯是如何辨别出来的呢？答案就是通过观察，敏锐的观察力使福尔摩斯快速地获取对他有用的信息，成功地侦破各种案件。

同样的道理，观察力也是一个销售员必须具备的素质，这是因为只有拥有敏锐的观察力才能尽可能多地掌握客户没有直接告诉我们的信息，初步了解客户的需求，从而为成交开路。所以，在与客户谈话前，销售员要通过细心的观察来尽可能多地了解客户，为谈话做好准备。

当销售员第一眼见到客户时，销售员就要发挥你的观察力，首先你要对客户的整体外表进行一番观察，比如客户的衣着打扮如何，对人的态度如何，同时也要注意一些细节的地方，如头发、鞋子、帽子、手上戴的戒指和手表等。当然，观察客户的动作不能太明显，以免让客户觉察到，引起他们的反感。

例如，当一位衣着光鲜、珠光宝气的客户走进汽车展销厅时，我们就知道他可能更喜欢那些豪华、享受型的车；如果我们发现在客户的办公室或家里摆放着一些工艺品或小玩意儿的话，我们就可以猜测到他在购买汽车后对汽车的饰品可能也会感兴趣；简单朴实的梳妆台、不加装饰的办公室则意味着客户可能偏爱简练实用的车型。

由此，林岚判断出对方对生活品质有超高的要求，在随后的产品介绍中，她着重强调了产品优良的品质，以及到位的服务。她的介绍让“海归”很快心动，没有几天就下了订单。

从表面上看，王玲莉和林岚的营销方法似乎没有什么不同，都是通过介绍产品打动客户，不过林岚比王玲莉多了一道程序——从外表判断客户的类型。

在与客户交流之前，林岚努力收集资料，了解客户最基本的信息。遇见客户后，通过观察客户的服饰、气质、身体语言以及行为态度，判断客户属于哪种类型，然后对号入座，看人上菜。

林岚的营销手段，用一则对联就能完美形容——“请坐请坐请上坐，上茶上茶上香茶”。贩夫走卒，我们用梅花上的雪水烹一杯香茶，没准他都会嫌不解渴。若是十足风雅的人，我们用粗瓷杯装白开水，他又嫌我们粗鄙。

由此可见，判断和区分客户类型是多么的重要。

所以，经常有销售员抱怨说：“现在的顾客真是难伺候，一点也不配合，问他需要什么，他们不肯说，要么根本不说话，要么说‘随便看看’，要了解他们的具体需求，很难。”

实际上，正是销售难度的存在，才体现出销售员的存在价值。一名出色的销售员，总是能从销售的瓶颈中找到突破口，他们通常都具备敏锐的观察力，顾客一进门，他就能通过观察，大致判断出顾客的身份、地位、性格等信息，因为人的内在会或多或少地外显于众。然后，他们会进行一些有针对性的推荐和试探，满足顾客的购买需求，进而达成交易。

有一天，某手机卖场来了一位穿着时髦的年轻女顾客，她一头彩色头发，服装打扮也很另类。导购员对其上下打量了一下之后，就主动走过去，先进行了一番礼貌的问候，然后，这名导购员出于好奇，就询问顾客：“您爱上网聊天吧？”

顾客：“是的，你有可以用 QQ 软件聊天的手机吗？我就是要买这样的手机。”

导购员：“当然有，我们现在推出了几款最新的 4G 智能手机，运用 QQ 聊天很方便。”

顾客：“那都给我看看吧。”

最后，这位着装怪异的顾客购买了该卖场最贵的一款时尚手机。

这个销售案例中，导购员问对了问题，根据顾客时髦的装扮，他便推测顾客有上网聊天的爱好，于是，他便从这一点入手，找到顾客的购买兴趣所在，成功地销售出了产品。

一般来说，我们根据顾客的外表，可以大致判断出顾客的个性特点：

1. 实力型顾客

这类顾客目标明确、干劲十足，勇于迎接挑战，具有坚强的意志和决断能力。他们重视效率，喜欢控制场面，能够坦诚地表达自己的意见，并在交流中占据主导地位，不爱受规则的约束。这类顾客大多打扮干净、利落，不喜欢过多地修饰。购物目的明确，不喜欢拖泥带水。与导购员或促销员见面后，一般很快提出他们的期望，并指出你应该提供的服务。

2. 活泼型顾客

活泼型顾客极为享受生活的乐趣。性格活泼开朗、热情奔放、豁达直率，乐于接受新事物，创造力强，可以说是朋友圈中的“开心果”。但他们缺乏耐性。这类顾客外表看上去很时尚，着装色调多以暖色为主。初次见面，他们就会与你谈论兴趣爱好，并讲一些自己的经历或朋友的故事。

3. 完美型顾客

完美型顾客很重视逻辑思维，他们善于分析，喜欢透过事物的表象发掘其内涵和真相，乐于自己动手寻求问题的答案。这类顾客在穿着打扮上多注重细节，比如，他们的每一件配饰都完美无瑕，且搭配得天衣无缝。他们在交谈时不喜欢与导购员目光对视，回答提问有时会停顿较长的时间。

4. 和平型顾客

和平型顾客是最易相处的“老好人”。他们性格低调、随和，与世无争，善于倾听，具有超然的处事风度，能够知足常乐。但和平型顾客的态度和行为大多较懒散，安于现状，不喜变革，缺乏创造性和热情，不愿做出自我改变。穿着上一般没有太多花哨。当导购员介绍产品时，他们非常友好，很少提关于产品的问题。

针对以上四种类型的顾客，销售员要做到：

1. 正视顾客性格的差异性，针对不同类型的顾客提供有差异性的销售服务，切忌机械地套用一种方法去与所有顾客沟通。

2. 尊重顾客的个性需求，适应和满足他们的需要，而不是企图将自己的意志强加于人，或者对顾客横加指责。

3. 掌握顾客购买决策的常见心理和个性心理特征，巧妙沟通，力求根据顾客的心理特点来销售，引导顾客做出正确的购买决策。

可见，销售员想要最快地打开局面，当务之急是判断和区分客户的类型，之后再看人上菜，基本能大致了解顾客的个性心理特征，根据这些不同点进行试探，并推荐适用于不同顾客需求的产品，促进销售的成功！

从服饰特点折射客户偏好

从客户的穿衣打扮偏好上，往往可以折射出客户的心理，这一点在女性客户身上体现得尤为明显。例如，女性客户对于服装的选择，就隐藏了很多个性化的心理特点。今天，绝大多数的女性，都会选择裤装，认为裤装更中性化、更沉稳，符合职场女性追求男女平等，不分高下的态势。这一点从超女的女性着装就可体现出来。但以往，很多女性却会选择裙装，认为裙装更为柔美，更能体现女性的妩媚。

通常来说，衣饰艳丽多彩的人，性格会更外向开朗，但内心充满不安，正是为了弥补这种不安，这些顾客在购买服装时，常会选择高色调的衣饰。他们对个人的性格和能力怀有强烈的不确定感，对工作待遇等问题也常感到不满意。和外表的亮丽多彩完全不同，他们其实有着畏缩不前的个性，容易受外界的影响。

一个顾客走进你的店铺，销售人员从他的一言一行、穿着打扮以及手中拿的东西，马上就要设计你的导购程序。试想一下，一个男顾客拿着宝马钥匙来地摊买衣服，这种可能性太小了。要知道，所有顾客的穿着打扮都代表着商机。

一般情况下，人们的收入状况和经济水平，一定程度上是可以从其穿着打扮上看出来的。穿着服饰质地优良、式样别致的客户，应该有较高的购买能力。而服饰面料普通、式样过时的客户多是购买力水平较低、正处于温饱水平的人。

为此，销售员通过观察客户的服饰打扮大体上可以知道客户的职业、身份及购买力水平。比如，你在向客户销售一件衣服的时候，你可以先这样说："您今天的首饰真好看，好像是今年 ×× 杂志上的主打产品吧？"根据客户的回答，你大致就可以看出客户的购买情况了。

当然，这种提问方式并不是要我们以貌取人，而是帮助我们更清楚地了解客户的购买能力。但是，很多时候，一些穿着并不是十分耀眼的客户，却常常能实现成交。

一天上午，某汽车 4S 店来了一位打扮不入时的先生。店内的销售员对这位先生上下打量了一番后，都没有主动上前为其服务。而销售员陈莹则不同，她走过去主动和客户打了招呼："先生您好，我是这家 4S 店的销售员陈莹，很高兴为您服务。"为了不打扰客户看车，做完自我介绍后的她就在一旁观看，并未出声。

就这样，这位先生一个人在店内转悠，一会儿说这辆车车价太高，一会儿又说那辆款式不漂亮。看到站在一旁的陈莹，他说："我今天只是随便看看，没有带现金。"

"先生，没有问题的。谁也不会身上随时带着很多现金，您尽量看，有什么问题可以问我。"

"好的，谢谢你。"然后，稍微停顿一会儿，陈莹观察到客户有种脱离困境、如释重负的感觉。陈莹想：他是真的没带钱，还是没有购买能力呢？于是，针对这个问题，陈莹决定大胆地试探一下客户。

"先生，您有中意的车吗？"

"那辆奥迪不错。"

"是的，您的眼光不错，这辆车最近卖得很好。"

"是吗？可是，能分期付款吗？"这时，陈莹明白了，原来客户是担心价格和付款方式问题。于是陈莹说："当然可以，您现在就可以与我们签约。事实上，您不需要带一分钱，因为您的承诺比世界上所有的钱更能说明问题。”

接着，陈莹又说：“就在这儿签名，行吗？”等他签完字后，陈莹再次强调说：“您给我的第一印象很好，我知道，您不会让我失望的。”

结果，确实没令陈莹失望，第二天，这位客户就带了首付款提走了那辆车。

这则销售案例中，销售员陈莹之所以能轻松销售出去这辆车，是因为她和其他销售员不同，面对打扮不入时的客户，她还是愿意一试。并且，最可贵的是她敢于主动试探客户，从而让客户自己道出了购买的顾虑——希望分期付款。

的确，客户的购买能力是决定客户是否能完成购买的关键因素之一，客户没有经济实力，即使他们的需求再强烈，也不会购买。对于这类客户，如果我们“纠缠不休”，不仅浪费时间，还会招致客户的厌恶。但有些销售员在遇到一些衣着毫不起眼的徘徊于类似于汽车店内的客户时，总是会以貌取人，妄下断言：光看不买，一定是买不起。这也是不正确的。因为也有一些客户更相信自己的眼光，需要多项选择。

可见，即使遇到了一些穿着不入时的客户，我们也应和案例中的这位汽车销售员一样，主动出击，巧妙地探问。

不过，作为人“第二皮肤”的衣着，如同人对胖瘦、对不同的宠物、对甜食或辣味等不同的偏好一样，同样也折射出客户的偏好。

销售员的很多心思，都花在了客户偏好的分析研究上。特别是对于不同品牌同一类型的产品销售来说，了解客户偏好，对于赢得竞争非常重要。销售员要想判断客户偏好，有一个最直接的渠道，就是从客户的服饰特点上来观察、判断。

一般说来，人们对衣服折射心理的了解多表现在色彩上：常穿白色的人高贵纯洁，但不可靠近；喜欢紫色的人情感比较浪漫；喜欢黄色的人天真烂漫；喜欢蓝色的人诚恳真挚，富有幻想；喜欢黑色的人抑制感情但渴望关怀爱护……但是这样的分类都过于简单，衣服所表现出的心理远没有这么简单。

服饰能为人们提供有关自我、角色、地位、个性的线索。换言之，服饰具有暗示作用，是一个人思想、品位的折射。

喜欢穿着时尚个性服装的人，往往比较有个性，通常不会在乎别人的眼光和观点，甚至对别人的指责嗤之以鼻。喜欢这类着装的人，多见于心态年轻的人。

喜欢穿着漂亮套装的人，非常注重自己的外表，而且常有很深的城府，希望通过自己的着装，给人留下好印象。当然，他们的努力也不会徒劳无功。这样的人士，给人的感觉往往比较干练、有主见、很有责任感。

喜欢穿着可爱洋装的人，往往给人洋气十足的感觉，让人觉得耳目一新。但是，这类人从心理上，更加渴望得到别人的理解、照顾和帮助。这类人，多半很注重身体的保养，重视自己的健康。

喜欢根据自己喜好选择服饰的人，这种着装方式的人，跟喜欢流行服饰的人是完全不同的两个派系，他们个性鲜明，且有着果断的决策能力，在遇到问题和困难时，一般都能独立应付。美国前总统奥巴马的妻子米歇尔·奥巴马，就是这类人最为突出的代表。

喜欢穿着同一款式衣服的人，大多性格直率，在与人交往的过程中，个性比较鲜明，往往有自己的观点和主见，十分明确是非、对错、爱恨。这类人，往往自信心很强，做事情果断、利落，是那种“言必信、信必行、行必果”的人。但这种人，最突出的缺点，就是常常自以为是，一意孤行，很难听进去别人的意见和建议，自我意识比较强。

喜欢奇装异服的人，主要是年轻人，他们虚荣心非常强，爱表现和炫耀自己，如果搭配不合理，还往往给人一种“混混儿”的感觉。同时，这类人往往非常任性，甚至飞扬跋扈。他们自认为这样的打扮很个性，走在大街上，可以招来更多目光，其实，他们没有注意到，别人的目光背后，往往透露着不满和厌恶之情。

喜欢宽松自然打扮，而不讲究款式的人。这种人，多半性格内向，他们的自我意识一般很强烈，常常以自我为中心，别人很难介入他们的生活圈。这种类型的人，不但不愿接触别人，对别人也有一种天生的排斥感。但是，你一旦打开他们的心门，走进他们的内心世界，他们就会非常珍惜与你的这份友情。也就是说，这类人的朋友很少，但是他们的朋友却都是挚友。

当然，什么事情都不是一成不变的，人们对服饰的喜爱也是如此，随着时间的推移，人们对于服装的爱好也会发生改变。但是，这种变化是渐渐的，甚至在很长的时间内，都不会发生改变，如果一个人的穿衣风格突然大变，那说明他最近一定遇到了一些事情，心情发生了很大的变化。倘若你熟悉的人中，有人出现了这样突然的变化，你就要留心他最近是否遇到了一些麻烦，或是受到了某种打击。这种变化，还传达出主人有新的构想和决心。

很多人认为，不应该以貌取人。的确，“看人下菜碟”的做法，在日常交际中是非常不可取的，但是，初次见面，人们是不可能一眼就看到你内心思想的光芒，而你的服饰，却往往给人留下很重要的第一印象。不仅如此，日常生活中，你如果细心观察周围人的穿衣风格，然后跟他们的性格对应观察，你就会发现其中的玄机所在。

销售人员还可以根据顾客的穿戴推测其兴趣点。很多时候，可以从一个人的穿衣戴帽看出他的个性及兴趣。比如，一个喜欢穿西装的人很可能对时政感兴趣，一个打扮精致的人很可能对时尚感兴趣，一个浑身装扮是同一色系的人很可能酷爱那种颜色，一个在手机上贴了很多卡通图案的人很可能是个动漫爱好者等。只要注意观察，销售员就能从顾客的装扮上发掘出他的兴趣点。

从言谈中洞悉客户特点

许多销售人员很奇怪，为什么别人的业绩做得相当棒，而自己总是业绩平平，卖场人气都没有？

其实，业绩并不完全取决于你的商品质量，你的商品品牌，也并不完全取决于你的服务态度，而是在于你是否读懂了客户的心理。有经验的销售员往往能清晰地洞悉客户的心理，满足他们的需求，取得不凡的业绩。来看下面这个小故事：

一位妇女走进一家鞋店，试穿了各式各样的款式和尺码的鞋子，却没有找到一双合脚的。销售员对她说："太太，真抱歉，我们没有能合您意的，因为您的一只脚比另一只大。"

这位妇女走出鞋店，什么鞋子都没买。

这位妇女又到了另一家鞋店，同样试穿了各式各样的款式和尺码的鞋子，感觉又要遗憾而离开了。最后，笑眯眯的销售员上来解释道："太太，您知道您的左脚比右脚略小一点吗？"

这位妇女高兴地离开了这家鞋店，腋下挟着两双新鞋子。

不同的销售员带给客户以不同的感受。不同的销售方式能导致不同的销售结果。第一个销售员之所以失败，是因为她没有懂得客户的心理——女性都是爱美的，没有谁喜欢别人说自己的脚大。

面对销售员的产品推广，不同的客户内心有着各种心理变化，如果销售员不懂得仔细揣摩客户的心理，不拿出“看家本领”，恐怕很难摸透客户的真正意图何在。

当你第一眼“看”客户时，就要开始揣摩客户的心理。他希望得到什么样的服务？他为什么希望得到这样的服务？……这些问题是销售员在观察客户时要不断提醒自己的。客户由于各种各样的原因，不愿意直接表达自己的期望，而需要通过沟通揣摩客户的心理。

一位中年男顾客带着自己的母亲到一家药店给儿子买钙片，两人在店内转了几圈，才看到一款心仪的钙片。

一名店员站在柜台内介绍着：“这种钙片现在卖得很好，很多客户反映补钙效果不错，孩子服用后容易吸收，很多家长都点名要它。经常断货，您二位来得正巧，这是刚到的货。”

可是，老人拿着钙片有些犹豫：“好是好，就是太贵了。不管大人还是小孩儿，老吃好药也不行。”男顾客刚要说话时，手机突然响了，便走到一旁接听电话。老太太一个人看着那盒钙片，半天没有迈开步子。

店员走过去问道：“阿姨，您觉得这个钙片怎么样，合适吗？”

“有点太贵了。一瓶一百多，我算计了一下，就够吃40多天。”老太太将钙片递给店员。

“阿姨，我看您跟我妈年纪差不多，像您这年纪，一辈子都为儿女操碎了心，自己省吃俭用的。买药也要亲自跑。既然您看好这一款钙片，想必您很爱孙子。这药价虽然比别的产品略高点儿，但一分价钱一分货。给孩子买钙片，还是要购买质量好点的。都是为了孩子嘛。”店员的一番话让老人的心有些动摇了。

“是啊，现在缺啥也不能穷孩子，我也怕便宜的药没啥效果，现在家家户户都是围着孩子转。”老太太拿着钙片还没撒手。这时，男顾客打完电话也走过来征求母亲的意见。

“大哥，阿姨手里拿的钙片是儿童钙片中最好的，阿姨很满意，您看要不来几盒？”

“确实有点儿贵。”男顾客看看价签，并没有反对的眼神。

“大哥，我觉得这个给孩子吃比较好，这一款钙片是进口的，很容易吸收，很受家长的欢迎。而且看来阿姨也挺爱孩子的，孩子长得高，老人家心里也会舒服。老人家只要心里舒服就会少生病，老人家健康不就是咱这些做儿女的希望嘛！”店员继续揣测顾客心理。

男顾客也不再坚持了：“妈，这钙片贵是贵点，不过只要您老觉得好，咱们也不差钱。”

片刻，老太太便拿着钙片开心地朝收银台走去。

销售员要在销售过程的沟通中准确揣摩客户心理，不要急于让客户立刻购买，只是为了销售而销售，最后说了一大堆话也没有达成交易。客户通常都是站在销售员的对立面，销售员若不能抓住他们的心理，盲目地套用销售话术只会冲淡所要表达的主题，导致“跑单”。

如果销售员能对不同的客户进行产品推介，从交谈中判断出客户的类型，就可以对不同类型的客户采取不同的措施，“有的放矢”，效果往往能事半功倍。

下面是客户类型的分类，也许能给销售员一些启发。

自命不凡型：无论销售员推介什么产品，总表现出一副很在行的样子，一副不以为然的神情。这类客户一般经济条件优越，受过一定的水平教育，爱听恭维的话，你得多多赞美他，迎合其自尊心。

脾气暴躁、唱反调型：怀疑一切，缺乏耐心，喜欢教训人，常常莫名其妙地发脾气，有时喜欢跟销售员“唱反调”。这类客户需要销售员面带微笑，以博其好感，先承认对方有道理，并多倾听，但语气要不卑不亢。当客户在你面前自觉有优越感又了解到产品的好处时，最后通常会达成交易。

犹豫不决型：有购买的欲望，态度时而热情，时而冷淡，情绪多变，难以预料。因此，销售员在交谈中应尽量取得对方的信赖。这类客户在冷静思考时，脑中常出现“否定的意念”，最好采用诱导的方式来促成交易。

小心谨慎型：这类客户往往购买力强，但在现场则有的保持沉默观察，有时有问不完的问题，语气或动作都较为缓慢谨慎。一般在现场停留的时间较长。销售员要迎合其言语速度，说话尽量放慢，使其感到可信，拉近双方的距离。在解说产品的功能时，最好用专家的话或事实，突出强调产品的安全性和优越性。

贪小便宜型：这类客户以女性多见，她们希望销售员能给其更多的优惠，喜欢讨价还价。对待这类客户要多突出介绍产品的独到之处，给其赠品或开免费检查单，突出售后服务，让客户感觉接受这种产品是实惠、性价比高的。

来去匆匆型：这类客户总是来去匆匆，总说其时间匆忙。这类客户其实最关心产品的质量与价格，且做事通常很爽快。对于这类客户，销售员可以称赞其生活过得很充实，并直接介绍产品的优点，要突出重点，直截了当，只要让其信任你就行。

经济不足型：这类客户有购买欲望，但购买力有限，爱找各种理由，最后却往往不买。如果交谈后确定这类客户对产品感兴趣，又拿不出现钱，要想法刺激其购买欲望，将其和其他客户做比较，使其产生不平衡的心理，也可以让其多次购买或分期购买。

从微表情判断客户内心

早在古代，就有占卜看相的说法，即通过一个人的面部特征、相貌来预测其命运，或者只凭一个人的眉毛形状来下定论。其实，在科技日新月异的今天看来，这样所谓的相学都是不科学的，毕竟，只凭着一个人的眼、眉、耳、鼻的形状以及位置等脸部特征，是很难判断出一个人的心理的。

然而，若是运用现代心理学，通过一个人的面部表情来判断对方的心理，如此识人心术才能准确地读出他人内心的活动。一个人心里在想什么，会相应地反映在其脸上，这时他的面部表情就会泄露一些秘密。如果我们能恰当地识破这些秘密，那么，我们就能知道对方的真实想法了。

一天，张明接到了通知，下午将要与一个大公司的客户进行商业谈判。当然，张明并不是谈判代表，仅仅是陪同而已，真正的谈判代表是公司总经理李兵。

下午，张明忐忑不安地跟着李总走进了会客室。客户已经到了，彼此寒暄了几句，就进入了正题：张明忍不住看了对方一眼，发现对方脸上面无表情，冷冰冰的，似乎不带一丝情绪。他心一紧，好像真的碰到对手了，可怎么办呢？他抬头看了看坐在身边的李总，发现一向笑脸的李总居然也板着一张脸，张明可纳闷了：这是怎么啦？两个人是仇人吗？随着谈判的进行，两人都面无表情，公事化地谈论着一些合作细节，不到一个小时，两人签了合同。

客户走了之后，李总呼出一口气，整个人显得格外轻松，脸上也露出了笑容。张明不解地问："李总，刚才，你们为什么都板着脸？这样的谈判怪吓人的。"李总笑着解释："这位客户面无表情，想必是一个缺乏人情味的人，跟这样的客户交谈，我笑得再多也没用，还不如跟他一样，面无表情，这样一来，他会觉得跟我是同类，自然就没有了招架之力了。"

李总通过客户的面部表情判断对方是一个缺乏人情味的人，洞悉了对方真实的想法，因此李总保持同样的表情，以此达到了自己的目的。有人说："表情比嘴巴更会说话。"有时候，我们仅凭着一个表情就能揣测出对方的心理。

从心理学上看，微表情是一个人感情、意志等内部心理活动的反映。因此，只要我们仔细观察对手的面部表情，就可以读懂对方的心，再对症下药，就能达到自己交际的最终目的。

1. 表情善变者

有的人会随着感情的变化而表情多变，时而喜悦、时而遗憾、时而气愤，其内心的感情变化，毫无保留地表现出来，这就是表情善变者。一般而言，表情丰富算是比较积极的心理，但是，对于表情善变者来说，却不是这样。

因为，大多数人都会习惯性地隐藏自己的某些情绪，像这样毫无顾忌地表现出来，却是另一种心理状态。这样的人大多自私自利，唯我独尊，只要一点点不符合自己的意愿，他们的表情就会大变。面对这样的人，如果他的表情开始变化，那么，你不妨先认同其想法，适当附和，等其情绪稳定下来之后再慢慢交流意见。

2. 表情丰富且喜欢笑的人

有的人表情丰富，而且经常会露出笑容。这样的人有着良好的人际关系。

善于处理人与人之间的关系。而其善意的笑容时常给人以亲近的感觉。他们属于容易亲近的类型，性格大多外向，比较容易沟通。即使碰到观点不合的想法，他们也同样会详加考虑，喜欢为他人着想：与这样的人谈判，不得不说是一次愉快的沟通。

3. 脸上看起来表情僵硬、肌肉麻木、面无表情的人

这样的表现多是充满憎恶与敌意，对销售员带有成见，如果销售员遇见这种表情的客户，就需要努力来化解他们的敌意了。

4. 表情不耐烦的人

这种表情表现为客户进入店内频繁叹气、伸懒腰、打哈欠、东张西望、看时间、表情无奈等。如果客户流露出这样的表情，就代表他对与你的交谈已经感到厌倦了。这时，销售员需要改变交谈方式来吸引客户的注意力或及时撤退了。

5. 脸上有明显焦虑表情的人

客户脸上有明显的焦虑表现，并伴随着手指不断敲打桌面、双手互捏、小腿抖动、坐立难安等动作。面对客户这样的情绪流露，销售员应该停止滔滔不绝的讲述，改变沟通方式，找出他焦虑的原因，努力消除这种原因，从而消除这种焦虑情绪。

6. 表情兴奋的人

这种兴奋的表情突出表现在瞳孔放大、面颊泛红、搓手、轻松地跳跃等。这意味着销售员的好运就要来了。请把握好机会，进一步深入引导客户，及时促成交易。

丰富的表情是反映客户内心的一面镜子，只要善于把握琢磨，销售员便可以从中看出签单的希望。

在某品牌店，毛小蒙细致而又全面地向顾客介绍着一款款水晶瓷的优点、特性，顾客听得很认真，也很专注，并不时地点头。

毛小蒙介绍完产品后，顾客皱着眉头有点担心地问道：“听说你们的售后服务有些不尽如人意啊？”

小蒙未加思考，脱口而出：“放心吧，我们的产品质量上乘，老品牌大公司，绝对值得信赖！”

顾客低头不语，沉思良久。毛小蒙有点纳闷，顾客之前还挺有兴致的，现在怎么一言不发啦？见此情形，毛小蒙微笑着问道：“您还有什么问题？我可以一一为您解答。”顾客摇了摇头，说道：“没有什么问题了，我再考虑考虑吧！”说完，有点恋恋不舍地离开了店铺。

这个顾客有点奇怪，毛小蒙说得好好的，顾客怎么不说话了。毛小蒙哪里做错啦？

其实不是的，顾客所做的这些都是正常的，只是销售员的眼睛要升级了，不但要看出顾客有什么需求，还要看出顾客处在什么状态才考虑购买，根据情况而定。

首先，你没有识别顾客的购买信号。当顾客有购买欲望后，往往会通过表情或是行为表现出来，如果此时能从顾客“专注的神情”上识别、判断出购买意图，并正确及时地加以引导，很可能就会拿下此单。

其次，当顾客紧蹙双眉，质疑售后服务情况时，你的回答避重就轻，答非所问，这样会让顾客觉得你不够真诚，有欺骗消费者的嫌疑。

最后，顾客对某种产品感兴趣，往往是基于产品的一两个亮点，通常会在言语、表情上流露出购买意图，所以导购员在与顾客接触过程中，应识别出顾客的购买信号，抓住时机，突出产品的亮点，迅速促成成交。

那么，如何识别出顾客表情、行为信号，抓住时机，促成成交呢？

顾客的表情变化是顾客心理活动的真实写照，因而，识别表情信号是把握顾客购买意图的关键。顾客神情专注，表明顾客对于产品已经产生了浓厚的兴趣，此时，导购员应该主动地抓住机遇，实现成交。

在日常销售过程中，可以通过观察顾客的表情变化来判断顾客的意图。

1. 顾客的面部表情从冷漠、怀疑、深沉变得自然大方、亲切、随和，说明对产品产生了兴趣。

2. 眼睛变得发亮而富有神采，从若有所思转向明朗轻快，紧锁的双眉舒展开，变得轻松、愉悦，此种变化说明某种商品与其事先的要求相差无几。

3. 嘴唇不由得抿紧，似乎在比较、权衡产品的性能与价格。

4. 顾客不时地点头，说明此时顾客对产品基本上没有什么大的异议了，成交的时机已接近成熟。

5. 仔细观看说明书，抚摩产品，拍拍促销员的手臂或是肩膀等姿态均是成交的表现。

从举止透视客户的心态

中国有句俗语："人心隔肚皮。"人与人交往的时候，更是在处处设防，担心上当受骗。特别是一些圆滑世故的人，喜怒不形于色，我们单从语言上很难看出这类人的内心活动，所以若非通过观察对方的神色举止，是无法轻易地判断出他们的心态的。我们先来看看下面的案例：

一天晚上，从事销售行业的丈夫很晚才回来。进门后，看见妻子还是一如既往地在等他，他就向妻子解释因为有许多事要和客户交谈，所以才耽误了时间，并保证下次一定尽早赶回家，陪妻子吃饭，希望妻子原谅他。但他说话时却下意识地用手摸了摸嘴唇，而且尽量避免与妻子的目光相对。善良的妻子也没有多想，为"疲惫"的丈夫准备好消夜后，就睡觉去了。

事实上，我们很明白，丈夫撒了谎，因为他的动作已经出卖了他，他一连串的动作都是为了掩饰什么。遗憾的是，这位善良的妻子还是被他的理由蒙骗了。当然，日常生活中，我们千万不能和故事中的这位妻子一样"善解人意"，要学会眼观六路、耳听八方，更要练就一双"火眼金睛"，一眼就能洞察他人的内心世界。

我们再来看看下面这一销售场景：

客户："价格真的太贵了！我看我还是不买了。"

为其介绍产品的是销售员小李听到客户这样说，但她并没有放弃销售，因为她发现了一个很小的细节：客户看到这款化妆品时，突然睁大了眼睛，便不再看其他款了。

于是，她尝试着问："小姐，那您认为贵了多少钱呢？"

客户："至少贵了500元吧？"

小李："小姐，您认为这套化妆品能用多久呢？"

客户："这个嘛，我比较省，怎么也要用半年吧。"

小李："如果用原来牌子的化妆品，要用多久呢？"

客户："原来两三个月要买一套吧，因为效果不太明显。"

小李："这样吧，您看原来那个牌子的化妆品是200元一套，可以用两三个月，我们按照三个月计算，您半年需要花400元，但是小姐，实不相瞒，我们的化妆品如果您省着用，至少可以用一年，这是所有客户得出的共同经验，并且它富含的营养成分比较多，所以每次只要用一点，就能达到理想的效果了。"

客户："真的是这样的吗？"

小李："这是我的客户一致的反馈。这个周末您有时间吗？我已经约了所有客户举行一个联谊会，希望您也能参加。"

客户："这样啊，好，我相信其他女孩子的眼力……"

在上面的案例中，化妆品销售员处理客户异议的方法很值得我们学习。她之所以能判定出客户的反对意见"我看我还是不买了"并非真实的想法，是因为她观察到客户的眼神变化：客户看到这款化妆品时，突然睁大了眼睛，便不再看其他款了。这是一种心有所属的表现。

可见，聪明的人不会只听交往对象的语言，还会观其神色举止，因为言语可以装假，而神色举止的真实性却难以掩饰。聪明的销售员可以通过观察客户的身体语言，即客户的举止，来洞察客户的内心。这种举止是指非词语性的身体符号。包括目光与面部表情、身体运动与触摸、姿势与外貌、身体间的空间距离等。

销售员小樊在销售界摸爬滚打了好几年了，算是一位有经验的销售员了。但是，小樊的销售业绩总在公司垫底。

销售经理无法理解为什么一名有经验的销售人员业绩总是垫底的。他找小樊谈话，小樊大胆地说出了他的顾虑。经理顿时就笑了，说："小樊，销售产品不是仅仅去奉承别人，而是要跟顾客沟通，了解顾客内心的想法，知道他们需要什么、想要什么，这样才能把自己的东西销售出去。"顿时，小樊发现自己之前想法的片面性。

从那天起，小樊随身带着笔和本子，把客户的每一点需求和想法都记下来，根据每个人的兴趣爱好，向他们推荐最合适的厨卫用品。此外，他还利用平时休息的时间学习简单的厨卫设计知识，并且走访一些老客户，把他们的意见和建议都记下来，反馈给公司，以此来提高公司产品的适用性。

在与客户的交谈中，小樊学会了认真观察顾客的肢体语言。刚开始的时候，小樊并没有发现客户肢体语言的重要性。有一次，小樊向顾客介绍产品，顾客却总是提到一些关于合约的内容，当时他根本没有在意，当小樊想继续往下说的时候，客户打断了小樊，说："你的产品我很满意，我现在关心的是我应该在哪里签字，达成合作。"到那时小樊才彻底醒悟，他刚才的那些动作就是在暗示小樊他很满意，想要跟小樊签约。

其实不仅是小樊，很多销售员都会忽略客户的肢体语言。

肢体语言是人类的"第二种语言"，我们在跟客户交流时，要多多留意他们的动作、表情以及眼神。只有恰到好处地把握顾客的肢体语言，才能更好地销售自己的产品，才能成为一名优秀的销售员。

认真观察、分析、了解客户的肢体语言，这对销售起着至关重要的作用。销售员要根据自己敏锐的观察力和判断力准确地把握客户的需求。准确地把握客户的心理和需求是成为一名成功的销售人员的前提。只有将信息把握到位，才能向客户更好地销售产品，才能激发客户购买的欲望。

当然，观察人的举止只是读懂人心的很小的部分，需要销售员掌握和了解的还有很多，但最重要的是要懂得观察，于细微处看出顾客的内心动态，能先观其心而采取具体的应对策略。

从语言习惯分析客户软肋

每个人都有自己的语言习惯，有的人喜欢引经据典，有的人爱用命令式词语，有的人爱用肯定语句，有的人常用转折词汇……其实，这些说话的习惯间接地反映了客户的心理特点。要想了解一个人，除了观其行，还要听其言。善于倾听，听出客户的性格、听出客户的心理变化，这也是销售人员攻城略地的必修课。

该如何听呢？对销售人员而言，可不是简单地闭上嘴巴、竖起耳朵听听客户说话就行了。除了听，还要用脑思考，去伪存真，找到客户的真正关注点；用心体会，感知情感，与客户达到心与心的交流。

该听什么呢？销售人员除了要听客户话语的外在内容，还应听出以下 5 个方面：客户的声音变化；客户的说话方式及语言习惯；客户的口头禅；客户的口气及对你的称呼的变化。

听出前 4 个方面可以帮助销售人员了解客户的性格特征、心理状态、对自己及所销售产品的态度、变化等，销售人员可据此调整自己的销售策略，如说其所好、做其所需，并给予情感上的回应，在情感上与客户产生共鸣……这不仅能增进双方的信任基础，而且有利于达成销售。

1. 说话喜欢引经据典的客户

如果你遇到的客户说话喜欢引经据典，言语中常夹杂着名人名言、典故逸事，那他多半属于博学多才、自信、崇尚权威、表现欲强的人，有的甚至有些孤芳自赏。但这样的人也可能内心幼稚、依赖性强、缺乏独立主见。

销售人员与这样的客户交往时，要注意放低姿态，注意倾听与请教，介绍产品时多提供一些证据资料、专家证言等，以赢得其对产品的认可。若其确是缺乏主见之人，销售员不妨依据其实际情况与需求，帮助其选择产品、替他拿主意。

2. 爱用“你必须”“你应该”等命令式词语的客户

这样的客户大多固执、骄横、过度自信、领导欲望强，不把销售员放在眼里。

3. 喜欢用“一定”“确定”等肯定性词汇的客户

有些客户的言语中常用“一定”“肯定”“确定”等词汇，他们大多是乐天派，自信心强、防范心强，洞察力及判断事物的能力也比较强。他们自以为洞若观火、无所不晓，因而比较专断，喜欢插话或打断对方的言语。

与这类客户交往，销售人员要表现得客气而豁达，若即若离是最好的状态。当然，也不能放松警惕，多运用一些技巧，如生动的产品展示、投其所好的言语、提供信息等，加强双方的关系、加深其对产品的认可。

4. 喜欢用“可是”“不过”“但是”等转折性词汇的客户

这类客户往往想法多、自我意识强，遇事习惯往坏处想。所以，销售员在与他们交流时，要注意倾听以便了解其内心的真实想法；不管其说什么，销售员最好先予以肯定，再进一步阐述自己的观点，向其展示、强调事物积极的一面，提高其购买的信心与决心。

想从客户的口头语言中探究其内心，销售员可在与之交谈的过程中留意对方使用频率最高的那个词以及其说话习惯，以此来判断客户心理，想办法应对，以促进销售成功。

同样一句话从不同的人嘴里说出来，所产生的效果会有不同，其原因就在于说话者以怎样的方式说，而怎样说又是由说话者的性格所决定的。所以，销售员只要细心留意说话方式，揣测客户个性。

例如，直来直去型的人，性情急躁、耐心不足，说话喜欢单刀直入、讨厌拖沓烦琐的细节，追求效率；总是急于表达自己的想法，习惯先提出结论。销售人员最好迅速、直接地把最准确的信息传达给对方。

拐弯抹角型的人，说话喜欢绕弯子，不直接进入主题，他们性格执着、心眼多，看重说话的氛围与形式。销售人员与他们交流，除了注意营造良好的沟通氛围外，还要有足够的耐心和忍受力，认真倾听其每一句话，并仔细揣摩其话中之意。

滴水不漏型的人，他们说话思维缜密、条分缕析，按着特定的顺序逐步推进、层次分明；话语严谨、周密、圆滑，无懈可击。销售人员应根据对方的说话习惯确定其心理状态及内心变化，选择合适的时机攻克其心理防线。

谈吐幽默型的人，这样的人自信、感觉灵敏、胸襟豁达、生性乐观、不拘小节，他们头脑灵活，聪明活泼，而且易于接近。

此外，在销售活动中，某些"口头禅"反映出一些人的内心世界，了解这些对销售人员的工作有一定的帮助。

话里常带"我要……""我想……我不知道……"的人，大多单纯，常拿不定主意，情绪不稳，爱意气用事。与这种客户打交道，销售人员应尽量控制局势，直接帮助他作决定。

爱说"是不是……""能不能……"的人，大多和蔼亲切、尊重他人，且客观、理智，遇事能够冷静思考、认真分析并做出正确的判断和决定。

常说"说真的""老实说"之类词汇的人，大多缺乏自信，生怕对方不相信自己，销售人员应给予其充分的信任、认可，并建立亲近的关系，成为朋友，帮助其树立信心。

爱说"其实"的人往往表现欲望强，总希望引起别人的注意。他们大多较任性、倔强、自负。销售员要满足其"好表现"心理，让其多谈、多做，他高兴了，你的销售就有希望了。

喜说"差不多""无所谓""随便"的人，没有主见、目标不明确，销售人员要肯定他们的眼光和选择，赞美他们的品位，鼓励其下决心购买。

爱说“好玩……真有意思”的人，好奇心强，活泼开朗，销售人员要热情待之，多利用他们的好奇心，激发其购买欲望。

常说“没问题……我认为”“我觉得”的人非常自信，且乐于承担责任，销售人员面对这样的客户时要尊重其意见，多给客户一些赞美和恭维。

经常在谈话中夹杂一两个英语单词的人往往虚荣心比较强，爱炫耀，有时候会傲慢、清高。

无论在什么场合都使用地方方言，还底气十足的人，一般自信心强，有独特个性与魅力。

喜欢使用网络流行词汇的人，大多缺乏主见和个性，喜欢浮夸，爱随波逐流。销售员要多与之聊天，神侃之后他会把你当作一位志同道合的朋友，销售产品也就容易了。

从手脚姿势读懂客户的心

一个人的行为方式在一定程度上反映着他的性格特征，而一个人的走路和站立的姿势则体现了其性格特征的重要方面。人免不了要走路，要站立。有的人走路昂首挺胸，充满自信；有的人走路则低头哈腰，无精打采。有的人站立时喜欢把双手插进裤兜；有的人则喜欢双手交叉置于胸前。如果销售员能够通过客户的这些姿势，了解到客户的性格和心情，就能够做好心理准备和应对，不至于因为不了解客户的心理而弄巧成拙。

经理把一位难缠的客户交给了销售员小刘，在这之前，经理已经派出了几位销售员。他们都志在必得而去，垂头丧气而归。“这是一位很难逢的客户，小刘，你要是能把这位客户攻下来，我请你吃饭。”“好的，经理，这可是你自己说的啊，一言为定！”“一言为定！”

于是小刘铆足了劲开始做准备，他知道，对于难缠的客户，不能贸然去拜访，否则吃亏的还是自己。他首先花了三天时间来搜集该客户的资料，同时他又去请教了拜访过该客户的几位销售员，尽管他们提供的信息不多，但却众口一词地说出了这个客户的行为习惯，那就是他们在拜访时，这位客户喜欢把腿放在办公桌上。

这是一条很重要的信息，小刘凝神思索。这种客户应该是个十足的刺儿头型，傲慢又很挑剔。但有时这种客户也具有专业的眼光和水准。小刘想，对待这种客户，如果不能以气势和专业水准来压倒对方，就要使用合理的策略，在不伤害客户自尊的前提下，使他不得不改变自己的坐姿，以平等的姿态与他进行交流。终于，小刘做出了应对这种客户的一个特殊方案。当然，这位客户轻而易举就被小刘拿了下来。

每个人都有自己的行为习惯，这些习惯里暗藏着人们性格的奥秘。优秀的销售员在初次接触客户的时候，仅从客户的坐姿就能看出他们的性格，并且根据他们不同的性格或即时的心情，灵活施行差异化的销售服务。

行为方式是人"外化"了的性格，有时也是人即时心情的一种表达。大部分人都会有意识地控制自己的面部表情和头部姿势，却很容易忽略自己的腿部和双脚的动作，很少有人会考虑掩饰或者伪装这部分的肢体动作。所以，想了解一个人的想法，他腿部或脚部的姿势就是一个绝好的突破口。以下几种常见姿势可以帮助你快速判断客户的态度。

1. 腿脚叉开表示态度强硬

不管是坐姿还是站姿，叉开双腿都代表一种强烈的信号，告诉我们客户的态度会较为强硬。如果你发现客户的腿从并在一起到叉开，你基本上可以肯定这个人的情绪越来越不好了。

2. 脚的方向显示去留意愿

脚部转动的方向，尤其是脚尖的方向，是表明一个人是否想要离开的最好信号。与人交谈时，假如有人边和你谈话，脚尖边不自觉地向某个方向转动，你就要明白，此人已经想要离开了，而你则要思考是不是沟通中哪里出了问题。如果你发现对方的脚在不停地转向摆动，则说明对方很不情愿离开，却又不得不走，此时你就要尽快说明主题，然后结束谈话。

3. 腿部是否放松显露关注度

如果当下的事情与自身无关或者是气氛非常轻松时，人的腿部会首先放松下来。留意一下谈判或者开会场合，你会发现当一个人发表完自己的观点之后，往往第一动作就是将蜷起来的双腿向前伸直。

4. 脚尖或者脚跟着地表明兴奋度

情绪高涨的人，身体会不自觉地做出背离重力方向的动作。比如会高兴地跳起来。无论是脚尖着地、脚跟抬起，还是脚跟着地、脚尖抬起，都是积极情绪的体现，尤其在女性身上表现得更为明显。如果客户与你交谈时，脚跟着地，脚尖却向上抬起，则基本可以表明，客户对你的谈话内容持正面和积极的态度。

此外，客户的手部动作是很多的。只要平时多观察、多揣摩，你就能摸透客户的心思，就会发现很多问题和机会。看清客户的手部动作，知晓其心底秘密，找到一些交易突破口，合作就是自然而然的事情了。

刘明是一名汽车配件销售员。一天，他去拜访一位汽车销售公司的总裁。对方工作非常繁忙，刘明等了整整一个上午，好不容易对方抽了个时间会见刘明。一番寒暄之后，刘明开始介绍产品。总裁时不时地也会提出一些相关问题。很快，刘明将产品的性能、优点等介绍了一通。

总裁点了点头，不耐烦地用手指敲了几下桌子。

刘明并没有注意到这个细节，反而建议总裁先预订部分产品。总裁想了想，对刘明说："你们的产品听起来确实很不错。你的建议我也会认真考虑。你先回去，回头我给你打电话。"

刘明非常高兴地和总裁道别之后回到了公司。可是等来等去，刘明始终没有接到对方的电话。原来，正是对方的一个小动作——用手指敲桌子真实地反映出了他的心理，可是刘明却没有注意到。

从这个例子我们了解到，客户的一些细微动作暴露出他们的想法，销售员应该善于捕捉客户身上流露出来的蛛丝马迹，从而准确地洞察和把握客户心理。上面例子中的刘明就是忽略了客户敲桌子的动作，误认为客户会买自己的产品，在等待电话中失去了与客户合作的机会。

一个人手部的微小动作往往能将其真实想法暴露出来。所以，销售员在和客户交谈中要多注意观察对方手部的小动作。比如摸鼻子、摸耳朵、捂嘴巴、拉衣领等。那么这些动作究竟表明了客户怎样的心理呢？

1. 用手摸耳朵

当客户用手摸耳朵的时候，说明他心存疑虑，对你的产品还不放心，甚至没有多大兴趣。这时候你要是不识真相，拿出合同让对方签，对方会毫不迟疑地拒绝你。此时，当务之急是如何重新调动起客户的兴趣。如果你没有办法，那么就意味着你这次拜访彻底失败了。

2. 用手揉眼睛

客户揉眼睛意味着对方对你的谈话失去兴趣。如果你在和客户交流时发现客户时不时有揉眼睛的动作。你就要赶快转换话题。因为客户已经有了不耐烦的表现。如果此时的你还是喋喋不休，显然不会取得好的效果。

3. 用手捂嘴

如果在交流的时候，客户下意识地用手捂嘴巴，那么你要明白，客户要撒谎了。这时候，你不妨直接问："有什么问题吗？"或者"您觉得有什么不合适的地方吗？"或者直接说："我们可以交换一下想法和意见，看看问题出在哪里？"这样一来，客户自然会把自己的想法说出来，销售员也才能进一步了解客户的心理，真正从客户的角度解决问题。

4. 用手抓脖子或拽衣领

当客户对你的产品和服务不是很确定的时候，往往会抓一下脖子或者拽一下衣领，这时候你要适时了解客户内心的疑惑和顾虑。也许客户对你的产品还不是真正感兴趣，尽管对方一直赞同你的观点和理念。所以，如果见到客户有上述举动时，就要进行及时的沟通和补救。

5. 把手放在嘴唇之间

如果销售员看到客户把手放在嘴唇之间，说明客户对产品还不是很信赖，即使客户此时有合作意向，也只有及时给予客户保证和承诺，打消客户心中的疑虑和不安，才能进一步实现合作。

6. 用手摸鼻子

客户如果摸鼻子，表明对你的话题不感兴趣，不想和你有更深层次的接触和合作。所以。当销售员和客户谈话时，如果客户在回答问题时不断地触摸自己的鼻子，或者只是用客气话敷衍你。这时你要明白，此次销售失败了。如果对方没有表示不耐烦，销售员应该及时补救，比如转换话题，重新寻找能吸引客户的卖点。如果对方表示出厌烦的情绪，则需要适可而止。

第二章　心理读心术：阅人有术，掌握客户的购买心理

俗话说，人心隔肚皮，就是说每一个人的心理是不一样的。客户的购买心理是变化多端的，很难掌握。因此，对于销售员来说，只要弄懂了客户的购买心理，你才知道客户是怎样想的，这样你才能抓住客户心理，从而开始无往不利的推销。

VIP 心理：人人都喜欢被恭维

在宋朝，有一个京城的小官，要调到外地去上任。临行前，他去跟恩师辞别。

恩师对他说："外地与京城不一样，在那儿做官很不容易，你应该谨慎行事。"

小官笑笑说："没关系的。现在的人都喜欢听好话，为此我准备了一百顶高帽子，见人就送他一顶，不至于有什么麻烦的。"

恩师一听这话，很生气，恼怒地说："我不同意你这种做法，我反复告诉过你，做人要正直，你怎么能这样？"

小官连忙向恩师跪下，道歉说道："恩师息怒，我这也是没有办法的办法。要知道，天底下像您这样不喜欢戴高帽的能有几位呢？"

恩师听了这话，若有所思，点了点头："你说的倒也是。"

从恩师家出来，小官自言自语道："一百顶高帽，现在仅剩九十九顶了。"

这虽然是一个笑话，但却说明了一个现实的问题，那就是人人都喜欢听赞美、恭维的话，就连那位教育学生"为人要正直"的老师也未能免俗。

我们每个人都是凡夫俗子，每个人都喜欢听到别人赞美自己，比如夸自己聪明、羡慕自己漂亮、说自己身材苗条、赞美自己文章写得好，等等。听到这样的话，不管属实与否，听者的内心都会泛出掩饰不住的喜悦，甚至忍不住偷笑几声。这就是人们的一种喜欢被赞美、恭维的心理，也就说通常所说的VIP心理。

可以这样说，无论是谁，对待赞美之词都不会不开心。可以说，喜欢被人赞美和恭维，是每个人与生俱来的一种心理。而当听到别人对自己的赞赏并感到愉悦和鼓舞时，就会对说话者产生一种亲切的感觉，从而使彼此之间的心理距离缩短、靠近，人与人之间的关系也就融洽了。

人人都有虚荣心，没有人不喜欢奉承，没有谁愿意受人批评。每个人都喜欢听好话，客户也不例外。销售人员每天都要与不同的客户打交道，所以，要适时地讲一些赞美性的话语，这样才能令客户高兴，从而实现成功的销售。

阿娟是一家著名时装店的金牌促销员。时装店在整条街中的位置不是最好的，但生意却是最好的。

一天，有一对情侣到她的店中看衣服，阿娟连忙热情招呼："您好，美女，这真是一件漂亮的连衣裙，我确定您一看到它就有一种拥有的欲望，不是吗？"

那位美女说："好是好，只是太贵了。"

"我想，您大概只看到价格标签了，您还应该看看这个。"阿娟打开商品，"您看看这个标签，这个牌子本身就很名贵，而且信誉十分有保障，穿上这件裙子，您就拥有了品质与满意。况且这件连衣裙是今年夏季最流行的新款，既漂亮又实用，绝对值得。来，您试穿一下，我想您一穿上它，就舍不得脱了。"

等那位美女试穿完后，阿娟说："怎么样，感觉很好吧？"

"感觉很好，只是价格太贵了。"

"当您参加同学的婚礼或某一个重要的宴会时，您穿着这件漂亮新款的连衣裙一定会给您增色不少。您说呢？”

说完，阿娟看看那位美女，又看看那位帅哥，说：“美女，您真幸运，有许多情侣到这儿看上这件连衣裙，可是，她们的男友却不让她们得到这件漂亮的连衣裙。”

她的一席话说得这对年轻情侣心花怒放，最后决定买下这件价格不菲的连衣裙。

作为销售员，要想让客户埋单，就要学会逢迎对方的虚荣心，多说奉承话，让客户心情愉快。在友好、和谐、轻松的谈话环境中，客户就会渐渐放松原先的戒备心态，对你所讲的话题感兴趣，也愿意和你交谈下去，这样成交的可能性就大大提高了。

每个人都有虚荣心，没有人不渴望被别人赞美和恭维。赞美和恭维是对人的一种肯定，这样肯定让对方放松对你的心理戒备，从而获得对方的好感。

在市场销售的过程中，你一定碰到过这样的情况：自己已经使出浑身解数向客户推销产品，却还是吃力不讨好；而那些和客户说说笑笑，对产品只是只字片语一带而过的销售人员却能够成功地征服客户。这是为什么呢？其实，这其中的关键就在于能否把握好客户都喜欢被恭维的心理。

生活中，每个人都希望别人对自己的评价是正面的、渴望得到别人的夸奖和恭维，所以如果你懂得恭维和夸奖客户，那么你的销售工作会顺利很多。

美国商界奇才鲍罗齐也说过：“赞美你的顾客比赞美你的商品更重要，因为让你的顾客高兴，你就等于成功了一半。”从通俗意义上讲，销售绝不仅仅只是金钱上的来往，它更是人与人之间感情的交流。因此，销售员应该在推销过程中，适时地夸奖一下自己的客户，满足他们想被恭维的心理，客户就会很高兴地购买你的商品。

俗话说，良言一句三春暖。正如心理学家所指出的：每个人都有渴求别人赞扬的虚荣心理期望，人一旦被认定其价值时，总是喜不自胜。好话大家永远爱听，客户购物时当然也希望听到销售人员的赞美。

但是，赞美、恭维客户是有方法和技巧的，销售员应注意以下几点：

1. 恭维客户要发自内心

虽然每个人都喜欢听恭维的话，但并非任何恭维都能使对方高兴。还有那些基于事实、发自内心的赞美才能引起他人的好感；相反，那些不切实际、夸张且虚情假意的赞美，不仅会引起客户的反感，还会让客户觉得你油嘴滑舌、毫无诚信。

2. 恭维客户要具体化

在赞扬顾客时，语言要具体化，而不是空泛、含糊地赞美。例如，与其说“您穿上这条裙子真漂亮”，不如赞扬她“这裙子穿在您身上，身段更迷人了”。后者让客户感到你说话真诚，有可信度，客户自然心里高兴。

3. 恭维客户要适度

凡事应适可而止，恰到好处。恭维客户也不例外。例如，一位化妆品促销员对一位皮肤保养比较好的女顾客说：“夫人，你的皮肤太好了，简直就像刚出生婴儿的皮肤一样。既没有痘痘也没有斑点，白皙光滑，细腻有弹性。真让人羡慕啊！”女顾客一愣，反问道：“真的吗？我的皮肤好像没你说得那么好吧！”这样的恭维只能让顾客怀疑你的诚信，并非真心实意，连顾客都无法相信。

4. 恭维客户要选择适当的方式

不同年龄，不同类型的客户，恭维的方式也应不同。对于年老的顾客，应该多用间接、委婉的赞美语言；对于年轻的顾客，则可以用比较直接、热情的赞美语言。对于不同类型的顾客，赞美的方式也应不同。例如，面对严肃型的顾客，赞语应自然朴实，点到为止；对于虚荣型顾客，则可以尽量发挥赞美的作用，满足其虚荣心。

从众心理：人有我也要有

在心理学上有一种称为“羊群效应”的现象。我们知道，羊群是一种很散乱的组织，它们在平时会盲目地左冲右撞，但是一旦有一头羊发现草场而向草场奔去的时候，其他的羊见状也会不假思索地一哄而上，全然不考虑旁边是否有狼或不远处是否有更好的草。简单地说，就是头羊往哪里走，后面的羊就跟着往哪里走。

这种现象就是“羊群效应”，也可以称为“羊群心态”，就是大家普遍所说的从众心理。

“从众”是一种比较普遍的社会心理和行为现象。也就是人们常说的“人云亦云”“随波逐流”。大家都这么认为，我也就这么认为；大家都这么做，我也就跟着这么做。从众心理在消费过程中，也是十分常见的。从心理学的角度来说，客户之间的相互影响力要远远大于销售人员的说服力。

这种心理当然给销售人员推销自己的产品带来了便利。销售人员可以吸引客户的围观，制造热闹的行情，以引来更多的客户来参与，从而制造更多的消费机会。例如，销售人员经常会对客户说，“很多人都买了这一款产品，反响很不错”“小区很多像您这样年纪的大爷大妈都在使用我们的产品”，这样的言辞就巧妙地运用了客户的从众心理，使客户心理上得到一种依靠和安全保障。

在现实销售中，利用客户的从众心理引导销售的案例屡见不鲜。比如，某商场为促销保暖内衣，让顾客在入口处排了很长的队伍，从商场经过的人就很容易想要加入进去。因为大多数人看到排了这么长的队伍，都会这样想：这么多人排队，一定有利可图，别人能买，我为什么不可以买？这样一想，排队的人越来越多，其实，真正有明确意图想买的人并不多，人们不过是在相互影响。商场就是抓住人们的这个从众心理营造气氛，让人们产生一种“人有我也要有”的心理，从而达到销售产品的目的。

社会心理学研究表明，从众行为是一种普遍的社会心理现象。顾客之间的相互影响和相互说服力，远远要大于销售人员的说服力。利用顾客的从众心理促成交易，是一种简单易行的好方法。

但是，销售人员在运用从众心理时，应注意以下几个方面的问题：

1. 产品质量要过硬

产品质量永远第一位，是销售员打开销路的前提保证。销售员利用客户的从众心理使销路打开的前提是产品质量好，只有这样，客户购买后才能真正认可这种产品，才能继续购买。因此，销售最终还是要以质量赢得客户，而利用从众心理只是吸引客户的一个手段而已，如果客户购买产品后发现质量不过关，那么下次就不会再上当了。

2. 要有说服力的重要客户

从众心理固然使客户有购买欲望，如果有客户熟悉的，为客户所崇拜的重要客户作为说服宣传，那么就会使促销锦上添花。

例如，销售员可以这样说：“国内知名家电品牌，如 ×× 公司，都是从我们厂家购买这些小配件的”“×× 著名小商品市场，也由我们长期供货。”有了这些令人信服的大客户作保证，客户自然就会容易购买。

3. 实事求是，不欺骗客户

实事求是，不欺骗客户，这是一个销售员起码的做人标准。用顾客的从众心理来引导消费，首先你所举的案例一定要是事实，既不要用谎言编造曾经购买的顾客，也不要夸大那些老顾客的购买数量。如果谎言一旦被揭穿，会严重影响顾客对产品和公司的印象，使公司声誉受损。

逆反心理：越不卖越要买

在消费行为过程中，我们经常发现这样的情形，客户往往对于自己越是得不到的东西，越想得到；越是不让客户接触的东西，客户越想接触；越是不让客户知道的事情，客户越想知道。这就是人们常见的一种心理——逆反心理。

逆反心理是日常生活中的一种常见的心理特征。逆反心理支持人们的一种与常规相反的意识和行动，当销售人员拒绝客户购买某产品时，客户反倒非要买来用用，结果是客户自己说服了自己。

因此，销售人员在向客户推销产品的时候，一方面要避免引起客户的逆反心理驱使其拒绝购买自己的产品；另一方面，还要学会刺激客户的逆反心理，引发客户的好奇心，让客户产生强烈的购买欲望，你不卖他就会非要买。从而从正反两方面来调动客户的积极性，使自己的销售工作获得成功。

刘先生是一家广告设计公司的小老板，公司的大型喷绘机已经用了很多年，经常发生故障，他决定换一台新的，这一消息被某喷绘机销售公司得知，于是很多的销售人员都来向他推销喷绘机。

每一个销售人员来到刘先生这里，都详细介绍自己公司的喷绘机性能多么好，多么适合他这样的公司使用，甚至还嘲笑说：“你的那台喷绘机已经破烂不堪，不能再使用了，否则有损公司形象。”这样的话无疑让刘先生心里特别反感和不悦。

销售人员的不断登门，让刘先生感到十分烦躁，同时也增加了他的防御心理，他心想：“哼，这群家伙只是为了推销他们的喷绘机，还说些不堪入耳的话，我就是不买，我才不会上当受骗呢！”

不久以后，又有一名喷绘机销售人员登门造访，刘先生心想，不管他怎么说，我也不买，坚决不上当。可是这位销售人员只是对刘先生说：“我看您的这台老喷绘机还不错，起码还能再用上一年半载的，现在就换未免有点可惜，我看还是过一阵子再说吧！”说完给刘先生留了一张名片就主动离开了。

这位销售人员的言行和刘先生所想象的完全不同，而自己之前的心理防御也一下子失去了意义，因此其逆反心理也逐渐地消失了。刘先生还是觉得应该换一台新的喷绘机。于是一周以后，刘先生拨通了那位销售人员的电话，并向他订购了一台新的喷绘机。

从销售经验来说，客户大都会对登门推销的推销员抱有警戒心理，对其表示不信任，而推销员总是滔滔不绝地介绍自己的产品，而不顾客户的感受，结果会激发起客户的“逆反心理”，最后只能是一次又一次地遭受到客户的拒绝。

但是，事物都有两面性。逆反心理既会导致客户拒绝购买你的产品，相反也会促使其主动购买你的产品。上述案例中的销售人员就是从相反的思维方式出发，消除客户对销售人员的逆反心理，从而使他主动购买自己的喷绘机。

客户的逆反心理对销售员来说并不陌生，但是却常常让销售员感到头疼。其实只要掌握合适的方法，无论多么顽固的逆反心理都是可以化解的。

那么，销售员该怎样做才能尽可能地减轻客户的逆反心理呢？

1. 与客户建立长期互信融洽的关系

一般而言，人们总是乐于同自己信赖的人谈得来。所以，销售员应与客户建立互信融洽的关系，你在客户心目中的可信度越高，客户的态度就会越积极，越不容易产生逆反心理，也不会再将你拒之门外，而是会主动邀请你进行更深入的会谈。

2. 满足客户好奇心

当客户对你的产品产生好奇时，会谈的气氛会变得活跃起来，好奇心使得客户更加投入，注意力更集中。客户为了满足自己的好奇心，就会主动向你提问题。这样，逆反心理自然就消除了。

3. 少陈述多提问题

一般来讲，陈述的观点越明确，就越容易产生逆反作用。大多数的陈述通常有一个明确的观点立场，很容易被人抓住提出反对意见。与之相反，提问一般不会引起逆反作用。提问题正好满足了人们想要参与讨论并提供某些信息的心理需求。

4. 转换立场，多为客户着想

如果你能够转换自己的立场，多为客户着想，而不是处处与客户对立，那么客户自然也会以友好的态度来对待你，这就能够有效地化解客户的逆反心理。

总之，销售员应充分了解客户的心理，采取与其他销售员相反的做法，出奇制胜。这样就消除客户对销售员的抗拒情绪，同时又引起了客户“你不卖我偏买”的逆反心理。可见，客户的逆反心理对销售员来说并不完全是阻碍，有时候反倒是成功的契机。

顾虑心理：害怕上当受骗

在销售过程中，销售员经常会遇到这样的情况：客户对销售人员大多存在着一种怀疑甚至不信任的心理。客户认为，从销售人员那里所获得的关于商品的各种信息，往往存在着不同程度的虚假成分，甚至还会存在一些欺诈的行为。

于是，很多客户在与销售人员进行接触时，总会认为销售人员的话不可全信，基本上也不太在意，甚至是抱着逆反的心理与销售人员进行争辩。

因此，在销售过程中，有效且迅速地打消客户的顾虑，对销售人员来说是十分必要的。聪明的销售人员都知道，如果不能够从根本上消除客户的顾虑心理，交易就很难成功。

按照常理，客户对销售人员心存顾虑在情理之中，客户害怕产品有假，怕上当受骗，因此对销售人员产生顾虑心理。对于销售员来说，如果不能正确解决，将会给销售带来很大的阻碍。所以，销售人员一定要努力打破这种被动的局面，善于接受并巧妙地化解客户的顾虑，使客户放心地买到自己想要的产品。只有及时消除客户的顾虑，销售人员才能成功达成交易。

小李是一名空气净化器的推销员。

一次，他去一家公司推销他的空气净化器。他对这家公司的老板说：

“贵公司里有这么多的电脑同时工作，员工又很多，您觉得这样的空气质量会好吗？据我了解，在空气质量不好的情况下工作，一会降低工作效率，二会影响身体健康。我今天就给您带来了新鲜干净的空气。这是一台崭新的空气净化器，它可以使您的办公室成为一个天然的森林氧吧。”

小李还说了许多拥有空气净化器的好处，可是这位老板根本就没有买的打算。

无奈，小李只得把自己的样品收起来，并把资料放回公文包里，准备起身离开老板的办公室。当他走到门口时，对老板说：“不好意思，我最后一次请求您，假如您能回答，我会非常感谢您，因为您的回答对我很重要。”

“我今天没有做成生意，这并不重要，因为我不可能得到每个人的生意，我曾经希望您会买下它，是因为我们的产品确实适合您的需要，然而您还是选择不购买。我很难过，因为我没有好好地解释，让它的优点显现出来。假如您可以指正我的错误，指出我身为一名业务员不够尽职的地方，这样下次当我拜访其他客户时，会对我有很大的帮助。”

这位老板听小李这么一说，便随口说道：“这并不是你的错，我不想买是因为我不敢确定它是否有效。”于是，小李终于知道这位老板拒绝的原因了。

“那很容易，我可以先让您免费试用两天，如果可以就留下来，如果没有效，我再拿走。”小李胸有成竹地说。

最后，这位老板决定留下空气净化器试用两天。第三天，小李来取空气净化器时，老板高兴地让财务人员过来跟小李结账，买下了这台空气净化器。

在销售界，销售人员几乎都知道，当你介绍产品时，几乎每一个客户都会对产品心存疑虑。其实，这是一种瞻前顾后的购买心理，其核心是怕“上当吃亏”。客户在购买产品时，对产品的质量、性能、功效持怀疑态度，怕不好使用，怕上当受骗。上述案例就是一个很好的范例。

案例中的推销员小李的做法值得我们每个销售员去学习和领会。遇到这种情况，销售员应及时发现客户的疑虑，并请客户讲出来，把销售当中的这个障碍当成向客户提供更多信息的机会，从而使客户消除疑虑，愿意购买产品。每位销售人员都不能忽视这个问题，不能一味地只求销售成功，应把解决客户问题作为一项重要的内容来看待。因此，销售人员都需要在消除客户疑虑方面进行有效的训练，可以采用以下策略和措施来消除客户的疑虑心理。

1. 充分准备，提前列出顾客疑虑

在见客户之前，销售人员应搜集客户对产品有疑虑的方面，如产品质量，售后服务等，并为每种疑虑都准备最有力的回答和一套切实可行的解决方案。例如，对于产品售后的疑虑，销售员应当说明二十四小时上门保修服务。

2. 请客户参与鉴别产品

如果产品有缺陷，销售员不要刻意掩饰。如果客户的疑虑是事实，你不妨直说："我也听别人这么说过。"接着，请客户自己重新演示和鉴别产品的好坏，帮助其对产品进行比较，从而消除他们的疑虑和困惑。

3. 巧妙与竞争产品做比较

当销售员向客户介绍产品时，客户很有可能说："不喜欢你们的产品，而喜欢别的商家的产品。"这时候，销售人员应冷静地分析，并诚恳地讨教别家产品的优势，接着再说自己家产品的好处，特别是比那家产品还要出彩的地方，抓住顾客的心理。

4. 转移话题打破僵局

在某些时候，销售人员对客户提出的顾虑无法解决，很有可能越说越糟，这时销售员最好就之前的顾虑停止解释，转换一个其他的话题，分散了客户的注意力，打破客户的防范心理。等到时机成熟，再重新提产品话题。

总之，对于销售员来说，时常会碰到客户举棋不定、犹犹豫豫的情况，这时，销售员应该想想客户的疑虑是什么，弄清楚客户的疑虑所在，然后根据客户的疑虑具体问题具体分析，寻找对策，从根本上消除客户的疑虑。

趋利心理：不管是否真便宜，只需感觉占便宜

销售界流传着这样一句话：客户要的不是便宜，而是要感到占了便宜。客户有了占便宜的感觉，就容易接受你推销的产品。

销售心理学上讲，客户要的不是便宜，而是占便宜。用便宜的东西让人感觉到没有品位，没有经济实力，人人都不希望别人小看自己，但在消费方面，却喜欢买好东西出低价格或者得到额外的赠送，这样就觉得自己很有能耐，占了便宜，心满意足。

贪图便宜是人们常见的一种心理倾向。一般来说，人们总是希望用最少的钱买最好的东西。这就是人们占便宜心理的一种生动表现。这里所指的占便宜，指的是客户总是希望自己与众不同，能够拿到比其他客户更低的价格。

其实，客户占便宜的心理给了商家可乘之机。如一些客户在购买商品时，常常用商家不降价自己就不买来“威胁”，于是商家最终妥协了，告诉“就要下班了，我不赚钱卖你了”“我这是清仓的价钱给你的，你可不要和朋友说是这个价钱买的”“今天你是第一单，算是我图个吉利吧”，于是客户自以为独享这种低价的优惠满意而归。此种情况并不少见，精明的商家总能找出借口卖出东西并让客户觉得占了便宜。由此可以看出，大多数客户不喜欢对产品的真实价钱仔细研究，而是想买些更便宜的物品。

其实，占便宜也是一种心理满足。客户会因为用比以往便宜很多的价钱购买到同样的产品而感到开心和愉快。销售人员其实最应该懂得客户的这一心理来吸引顾客，使客户乐意购买你的商品，享受你提供的服务。

阿娟是一家超市里卖糖果的售货员，她是所有售货员中最受顾客欢迎的。许多顾客宁愿多等一会儿，也要到她的柜台购买。同事们都很好奇，有人问她："你是不是给顾客的量给得特别的多啊？"阿娟摇了摇头："那是不可能的，我的秤一向都很准，既不会多也不会少，再说，多给那不是咱们超市吃亏吗？""那为什么顾客都喜欢去你那买糖果呢？"

阿娟笑着说："别的售货员在称糖果时，起初都会拿得多，然后一点一点地从秤上的袋子里往外拿，而我则总是先少拿一点，然后再一点一点地往秤上的袋子里加。顾客可能都以为我比别的售货员给得多，所以才喜欢我，才会宁可多排一会队也要在我这里买糖果吧。"

阿娟为什么会成为如此受顾客欢迎的人呢？原因其实很简单，那就是她能让顾客们产生"占便宜的感觉"。事实上，让客户产生捡了便宜的感觉的销售，才是到位的销售，才是最能赢得回头客的销售。绝大多数顾客都有想占便宜的心理，都希望能少花钱多买东西。一点点地往里加，往往要比一点点地往外拿，要来得让人心里舒服。一点点地往里加，更容易让人产生捡了便宜的感觉。阿娟正是因为准确地抓住了客户这一微妙的心理弱点，才招揽来了源源不绝的客人。

爱占便宜是人的天性，更是顾客的习性——习惯性行为。同类产品，质量相当，哪里便宜，哪里就是顾客"扎堆"的地方，像超市打折、厂家促销、商家甩卖，都会吸引不少的客户蜂拥而至。当然，这里说的占便宜心理并不是说客户就喜欢便宜货，我们经常可以看到，几十元钱一件的衣服或许无人问津，但一件标价 980 元的名牌打折到 280 元时，就会引起抢购。这就是客户的占便宜心理。

谁能够掌握客户这一心理，并从客户角度出发进行推销，谁就能受益。比如，某一品牌化妆品代理商，在某省几家卖场设有专柜，在不同专柜开展了不同的促销。在一家专柜的促销是七五折优惠，另几家专柜的促销是买 200 元送 100 元。在这几家店中，结果却是买 200 元送 100 元的促销效果最好。

其实，类似的做法还有很多，目的只有一个，那就是利用客户的贪便宜心理进行购买引导。当然，这样的引导效果非常好，也是许多小商贩们常用的手段。

如某城市天桥上有几个买袜子的小贩。一个小贩大声吆喝“便宜了，二块五一双”，另一个小贩吆喝“十元钱四双”，还有一个小贩吆喝“十元钱买三双，送一双”。谁的吆喝促销效果好呢？当然是第三个小贩吸引到了客户。袜子的实际价格都是二块五一双，但为什么第三个小贩能吸引住顾客呢？原因之一就是客户觉得送了一双，自己占了个便宜。

客户占便宜的心理给了销售人员以可乘之机，针对客户爱占便宜的心理做促销，就能够打动客户，使促销效果最大化。

好奇心理：想要揭开神秘的购买欲

所谓好奇心理，是特别注重对新奇事物和现象产生注意和偏爱的心理倾向。在好奇心理的驱使下，顾客大多喜欢新的消费品，寻求商品新的质量、功能、花样、款式、享受、乐趣、刺激等各种新奇的特性。

根据心理学相关研究表明，好奇是人类行为的基本动机之一。人们的许多行为都是好奇心驱使的结果。美国某大学教授说："探索与好奇，似乎是一般人的天性，对于神秘奥妙的事物，往往是大家所熟悉关心的注目对象。"好奇心重的顾客往往对很多事物都充满了好奇，喜欢去了解，喜欢接触种类信息。因为陌生事物和千篇一律的东西相比，新奇与陌生的东西更具吸引力，更容易引发顾客的注意力。

利用好奇心是推动销售的一个很好的工具。在销售过程中，要懂得巧妙利用好客户的"好奇心理"，你的销售就已经成功一半了。

刘老板在某大学旁边开了一家书店。由于竞争很激烈，虽然店内的书籍琳琅满目，但他的生意依然很惨淡，刘老板一筹莫展。

一天，他特意去拜访一位老朋友。这是一名销售奇才。当老朋友亲切地询问他的生意近况时，他就向朋友倒了很多苦水，顺便请老朋友帮忙想个办法。

老朋友给他出主意说，做生意首先要头脑灵活，其次不能太小气，你可以打些折扣招揽顾客呀！刘老板告诉朋友，在开业以来他就一直采取打八折的优惠措施，与他旁边的几家书店相比，价格已经很便宜了，可顾客还是不买账啊！

“这简单，你先根据书名的首个字母将各类书籍进行重新排列，明天做个广告，将每月的一号设置为“A”，依此类推，每天对应一个所谓的幸运字母，只要顾客当日购买的书籍名称首个字母跟商店所设定的字母相匹配，就可以享受八折优惠，而每月多余的几天，就用来收集顾客的意见。呵呵，你就不愁没有生意。”老朋友思考了一会儿，然后胸有成竹地说。

刘老板回来后依照朋友的话去做。没过几天，生意竟然出奇地火爆，每天都有不少新面孔来排队买书，有的顾客一买就是好几本，很多书被一抢而空；月末的几天，有许多顾客还纷纷跑到书店提些好的建议。这让刘老板脸上终于露出了久违的笑容。

一个月后，刘老板带着礼品特意去老朋友家道谢，忍不住说：“老朋友，您怎么知道这招儿就能行？为什么同样是打折，现在的生意会比以前火爆，我实在想不明白！”

老朋友微笑着答道：“从心理学的角度讲，人类有一个很大的癖好，就是好奇。你采取的特殊营销方式，就是利用了这一点才引起了顾客的注意。没错，你以前做生意一直采取打八折的优惠措施，顾客都习以为常了，自然不认为得到实惠。而现在每天到你店的顾客，都会选购与当天字母匹配的书籍，而且认为自己占了便宜。自然，他们以后也愿意经常光顾你的书店了。”

好奇心是人类的天性，我们每个人都存有好奇心。好奇心是人类行为动机中最有力的一种，在实际营销工作中，巧妙地利用消费者的好奇心，用新颖独到的服务满足消费者的喜好，引起顾客看的注意和兴趣，那么这也会给我们的商品经营者带来滚滚财源。

有一家儿童商店，经营的商品全是六岁左右的儿童吃、穿、玩的用品。商店规定：非六岁儿童不能进店，大人进店必须有六岁儿童做伴，否则谢绝入内，即使是当地官员也不例外。一些带着六岁儿童的家长觉得有趣，想看看这个“葫芦”里到底“卖的什么药”，而一些身带其他年龄孩子的家长也谎称孩子只有六岁，挤进店来一探究竟。如此一来，许多顾客纷至沓来，商店人满为患，商品自然销路打开。后来，这家商店老板又以同样的方法开设了新婚青年商店、老年人商店、孕妇商店等，均取得了不俗的销售成绩。

某餐厅在门前摆放了一只大大的啤酒桶，上面写着大字：“不许偷看！”越是这样写，越是有顾客蠢蠢欲动，想要看看酒桶里装的究竟是什么。于是不断有顾客伸头去看，只见啤酒桶里放着一块牌子，上面写着：“本店啤酒六折促销，欢迎品尝。”果然，这家餐厅的啤酒卖得比其他餐馆都要好。

以上两则营销案例告诉我们：对于越是被禁止的事情，人们都会有一种非探个究竟不可的心态，这就是人的“好奇心”。在营销活动中，利用人们的好奇心理，采取以“奇”标新的独特方式，引发人们的好奇感，是赢得消费者的一种营销招数。

对于商品经营者来说，多站在消费者的角度考虑问题，利用人的好奇心理，了解怎么才能唤起顾客的好奇心，引起顾客的兴趣和注意，然后从中说出所推销产品的利益，迅速转入面谈阶段。

那么，如何激起顾客的好奇心呢？这里有几种最简便易行的方法。

1. 向顾客提出刺激性问题

提出刺激性问题可以激发顾客的好奇心，因为人们总是对未知的东西比较感兴趣。而提出刺激性问题会使顾客自然而然地想知道到底是什么。例如，“我能问个问题吗？除了在拜访顾客时设法激起客户的好奇心外，在销售过程中销售员也可以利用刺激性问题引导顾客做出满意的决定。

2. 利用群体趋同效用

在拜访顾客时，如果其他所有人都有着共同的趋势，顾客必然也会加入进来，而且通常想知道更多信息。比如，销售人员说：“坦白地讲，李先生，我已经为你的许多同行解决了一个非常重要的问题。”这句话足以让李先生感到好奇。他肯定想知道是什么问题，你是如何解决的。这就达到了激起客户好奇心的最佳效果。

3. 不给顾客提供全部信息

满足顾客的好奇心无疑会向顾客提供全部信息，而提供全部信息会大大降低顾客进一步参与的欲望。如果你想激起顾客的好奇心，希望顾客主动了解更多的信息，那么，就不要在一开始就向他们提供所有的信息，从而激起顾客的好奇心。

4. 为顾客提供新奇的产品

人们总对新奇的东西感到兴奋、有趣，都想“一睹为快”。顾客总是对新产品信息和即将发生的公告信息十分关注，所以销售人员可以利用这一点来吸引顾客的好奇心。

其实，激起顾客好奇心的策略多种多样，只要能让你的顾客感到好奇，你就可以发展更多的新顾客，发现更多的需求，传递更多的价值，销售业绩也会大大提高。

戒备心理：让客户卸下武装

在推销的过程中，你是否遇到过以下的情况：

当你热情地与顾客打招呼时，顾客只是冷冰冰地回应；当你积极询问顾客的需求时，顾客却一问三不答；当你认真讲解产品的优势时，顾客却直接打断你……相信不少推销员在向顾客推销产品或者进行服务时，或多或少都会遇到以上的情况。

其实，以上的这些都说明了顾客在面对推销员时抱有戒备心理。心理学告诉我们：每个人，对一个陌生人总是有戒备的心理。通常，如果没有特别的情况，我们是不会对家人、朋友、同事产生警戒心的，但是对于初次见面的人，多少总有些警戒心，这是因为尚未了解对方，所以才会对他怀有警戒心。

因此，客户对推销人员天生有戒备心理。首先，客户对你不熟悉，其次，他也不知道你推销的东西是什么，还有他担心多花钱或者买到不好的产品，种种这些顾虑都会让他对你产生戒备。

戒备心理就像客户身上的“防火墙”，使得推销员无法成功推销，因此，想要成功推销，推销员必须突破重重的“防火墙”，才有成交的可能。

贝尔纳·拉弟埃是空中客车飞机制造公司的销售能手，当他被推荐到空中客车公司时，面临的第一项挑战就是向印度销售飞机。这是件棘手的任务，因为这笔交易已由印度政府初审，未被批准，能否重新寻找成功的机会，全看特派员的谈判本领了。

作为特派员，拉弟埃深知肩上的重任。他稍作准备就飞赴新德里。接待他的是印度航空公司主席拉尔少将。拉弟埃到印度后，对他的谈判对手讲的第一句话是："正因为你，使我有机会在我生日这一天又回到了我的出生地。"

这是一句非常"暖场"得体的开头语，它简明扼要，但内涵却极为丰富。它表达了好几层意思：感谢主人慷慨赐予的机会，让他在自己生日这个值得纪念的日子来到贵国，而且富有意义的是：贵国是他的出生地。这个开场白拉近了拉弟埃与拉尔少将的距离。不用说，拉弟埃的印度之行取得了成功。

拉弟埃靠着娴熟的销售技巧，为空中客车公司创下了辉煌的业绩：仅在 1979 年，他就破纪录地销售出 230 架飞机，价值 420 亿法郎。

小李是一家房地产开发公司的推销员，为推销房屋去见客户刘燕，在开场闲聊的时候她发现刘燕桌子上摆着的小女孩儿照片，打听后知道是刘燕女儿，两个人聊起了她的女儿。刘燕对女儿的话题很有兴趣，两个人聊得也很融洽，这渐渐消除了刘燕的戒备心理。进入洽谈正题后，刘燕想要的小户型已经没有了，小李提出购买稍微大一些的户型的建议，刘燕不同意，这时机智的小李想到刘燕的女儿，就用她女儿很快要长大，要有自己的房间更方便孩子生活的理由来说服刘燕，结果使刘燕很快就接受了。

以上两个成功的推销案例告诉我们，推销员在刚与顾客接触的时候，采用闲聊的方式，先讨论一些与销售本身关系并不大的话题，比如业余爱好、体育活动等，这种方式称之为“暖场”。在闲聊中让顾客更加放松，逐步解除戒备之心，从而透露出自己的需求。这也是消除顾客戒备心理最常用的方法。

每个推销员都懂得一个道理：在未消除客户的戒备心之前，你所做的一切推销工作都是徒劳的。甚至推的力量越大，受到的阻力越大。因此，先要消除客户的戒备心，使他卸下戒备心，获得他的认同，你的推销才能有效进行。那么，如何才能消除顾客的戒备心理，以下方法供各位参考。

1. 找到彼此相同的经验。人们常常在和初次见面的人谈话时，会问道：“你是哪里人？”“哪个学校毕业的？”这种行为就是潜意识里想找寻的彼此的共同点，当对方说出地点后，也许你会说：“哦！两年前我去过。”如此一来，心理的距离便大为缩短了，警戒心就会减弱，彼此就能坦诚相见了。

2. 温馨而融洽的沟通环境。跟客户沟通的时候，你可以选择咖啡厅、酒吧之类。这样会使客户抛弃戒备心理，更坦诚地跟你交流，达到事半功倍的效果。

3. 巧用身体语言。与客户沟通时可以多用身体语言，比如，倾听对方的谈话，偶尔向前移动身躯，表示出对对方的关心；在对方说话时，不时地点头或做出反应表示赞同；对方说话时，保持微笑，让他感觉到你对他具有亲切感……

4. 适当暴露自己的缺点。有时不妨故意暴露出自己的某些缺点，以解除对方的戒备心理。当你表现出笨拙的一面时，顾客就不会觉得你很精明的样子，自然就会放松警惕，从而解除戒备。

5. 多用赞美之词。相信没有一个顾客会不喜欢别人的赞美，当顾客态度较为冷淡时，你千万别觉得丧气，可采用温柔口吻对客户说“你是我最重视的顾客”或“看得出来，你是公司里的重要人物”或“我随时以你为优先服务的对象”等，用这些语句满足顾客心理上的尊贵感。在这个过程中，切忌夸大其词，将顾客捧上天。

6. 尽量避免使用红色的说明资料。红色容易让人联想到危险，让客户本来的戒备心更加增强。因此，与客户会面时，不应穿着红色的衣服，在进行商品说明时，不要使用带有红色的资料，甚或只是一支红笔。以蓝色或绿色冷色调为宜，这种方式可令客户感到轻松自在。

权威心理：客户往往喜欢跟着“行家”走

我们先来看一个心理学实验。

美国一位心理学家曾经做过一个实验：有一天，他在给某大学心理学系的学生们讲课时，对学生们说道：“同学们，告诉大家一个好消息，我从外校请来一名德语教师，这位德语教师是一位著名化学家，他有很多著名的学术研究和科学发明，在化学界是相当出名的。很难得才请他来到这里。”

在之后的化学课上，这位“化学家”像煞有介事地拿出了一个装有蒸馏水的瓶子，他告诉学生：“这是我新发明的一种化学物质，有一种特殊的气味，各位同学们都闻一闻。”

在座的每位学生都闻了闻，“化学家”问谁闻到了气味就举起手来，结果多数学生都举起了手。

“化学家”感到十分惊讶，为什么明明无气味的蒸馏水，学生却可以闻出味道来呢？

从这个案例中可以看出，学生们对权威的“化学家”没有任何的怀疑，而认为蒸馏水确实有气味。这是因为人们对权威的信任和遵从，在“权威面前”，人们总是认为权威人物的思想、行为和语言是正确的。在这样的心理影响下，人们往往把权威说过的话、做过的事，当成是命令、榜样，而不敢轻易去违背。人们对权威的深信不疑和无条件地遵从，会使权威形成一种强大的影响力，利用这种权威效应，则可以在很大程度上影响和改变人们的行为。

权威效应，又被称为权威暗示效应，是指一个人要是地位高，有威信，受人敬重，那他所说的话及所做的事就容易引起别人重视，并让他们相信其正确性，即“人微言轻、人贵言重”。

南朝有一位读书人，名叫刘勰，他写出一本《文心雕龙》著作，出书后无人重视。于是，他请当时的大文学家沈约帮助审阅，沈约不予理睬。后来他装扮成卖书人，将作品送给沈约。沈约阅后评价极高，于是这本书成为中国文学评论的经典名著了。

名不见经传的著作被“权威人士”沈约看后，就变得身价百倍，这就是权威效应产生的结果。在现实生活中，“权威效应”的应用很广：如许多商家在做广告时，高薪聘请知名人物做形象代言人，或者以有影响的机构认证来突出自己的产品，以达到增加销量的目的；人们往往喜欢购买有明星代言的各种名牌产品；学生们在购买参考书和练习试题时，也是选择有名的出版社，著名的教授学者出版或推荐的。

这一切表明人们消费产品总是喜欢“跟着行家走”，因为行家很少会出错，行家会给我们一个比较正确的前进方向。在权威效应的影响下，行家的引导力是非常大的。同理，在销售与消费中，权威效应能起到巨大影响力。因此，如果销售员能够巧妙地应用权威的引导力，则能对销售起到很大的促进作用。

小孙是做电动车推销工作的，一次他打电话约见一位客户，客户要求小孙准时到他家，并带上详细的资料。小孙感觉到这个客户的要求比较严格，是一个难以应付的客户。因此，小孙出发前做好比较全面的准备。

小孙准时到达客户家里。在向客户做产品介绍的时候，小孙长了个心眼，讲得特别详细，在客户询问时也回答得比较有条理，还把客户的意见用小本记了下来。这一点让客户很满意，觉得小孙是一个细心稳重的人。

但是在交谈中，小孙还是发现客户对于自己的产品有很多怀疑，不能够完全相信。这一切都在他的预料之内，小孙不急不慌地从文件包里拿出一份关于产品的市场调查报告。客户看了产品的真实销量，发现小孙的电动车销量确实很好。此外，为了让客户深信不疑，小孙更是拿出来产品的认证证书，以及很多在国内国际获得的奖项，还有国内权威专家的推荐。客户终于消除疑惑，很放心地购买了小孙的产品，毕竟有那么多权威的推荐和认可，自己也没有什么不放心的。

在我们的日常生活中，消费者对产品的质量和安全的担忧无处不在。从心理学的角度来讲，人们的这种行为是“安全心理”和“认可心理”的表现。但是，权威会对人们的言行产生很大的影响，而且权威代表着社会的认同，代表着绝大多数人的意见，这样，在其强大的影响力下，人们会变得很顺从，而不敢对权威发起挑战。

人们对权威的深信不疑和无条件遵从，会使权威形成一种强大的影响力，利用这种权威效应则可以在很大程度上影响和改变人们的行为。销售员在向客户销售时，一定要学会并善于利用“权威效应”，让自己的产品充满安全感，才能满足客户的“安全心理”，顺利地实现成交。

但是，销售员要正确地合理地应用这种优势，而不能贪图利益，弄虚作假，以此来欺骗客户，否则必然会造成不良的后果。

第三章　心理迎合术：投其所好，轻松搞定你的客户

在销售的过程中，销售员接触的客户大多数是陌生人。因此，若想使陌生人变成客户，首先就需要了解客户的爱好和需求，然后投其所好，轻松搞定你的客户，快速促成销售的成功。

发现客户兴趣点，投其所好

在销售过程中，你肯定有过这样的体验，在与一个初次见面的客户谈话的时候，客户一般都抱有警戒心。为什么客户拒销售员于千里之外，使销售沟通陷入僵局呢？大多是因为客户与销售员在感情、原则上存在一些分歧，无法找到共同语言。销售员要想博得客户的好感，迅速拉近彼此的心理距离，就要努力发现客户兴趣所在，想方设法去适应对方，投其所好，赢得对方的肯定和认可。

投其所好，是一种沟通的秘诀，是一种心理迎合术。在销售过程，销售员应调动你的知识、才能以及各种优势，向客户发起心理攻势，发现客户兴趣点，投其所好，达到“俘获”对方的目的。

胡先生是一名防盗门销售人员。有一次，他听说一位房地产开发商需要一大批防盗门，便前去谈生意。但是，很快被告知有人已捷足先登了。胡先生不死心，随后便三番五次请求与开发商见面。那位开发商经不住胡先生的纠缠，终于答应与他见一次面，但是时间只有10分钟。

时间如此短暂，怎样才能取得更好的效果呢？胡先生决定在会见前使用“投其所好”的谋略，尽管他尚不知开发商有哪些兴趣和爱好。当胡先生一走进办公室，立即被挂在墙上的一幅巨大的油画所吸引。他想，开发商一定喜欢绘画艺术，于是便试探着与开发商谈起了当地的一次画展。果然，开发商兴致勃勃地与胡先生谈论起来，竟然谈了一个小时。临别的时候，开发商允诺胡先生承办的这个工程的一半和下一个工程的所有防盗门都由胡先生公司供应，并将胡先生亲自送出门外。

与客户见面，尤其是第一次与客户见面，许多销售员都会表现得异常紧张，因为客户大多对销售人员抱有警戒之心。有的客户甚至对销售员表现出一种敌对的心理。如何消除这种戒备心理，尽快与客户打开话匣子，销售员去努力发现客户的兴趣点，投其所好，这不啻是一种可行的办法，从而让客户放下戒备心理，接受自己。案例中的销售员胡先生就是抓住了客户的兴趣点，投其所好，从而取得客户信任，谈下了一笔大生意。

懂得投其所好，就能成为销售冠军。这是世界上最伟大的推销员乔·吉拉德的一大成功心得。事实上，谈论小孩儿、宠物、花卉、书画、运动、嗜好等，都是在投其所好，都可以迅速缩短你与客户双方的心理距离，从而对成功销售、拿下订单起到极大的推动作用。

投其所好，可能有人认作贬义词为人鄙夷。但是销售员对客户投其所好的目的，并不是不可告人的事情，它实际上是一种引导和激发客户兴趣的过程。如果满足了客户的需求，迎合了客户的爱好和兴趣，销售员就会由被动变为主动，销售自然顺利达成。

但是，投其所好需要销售员充分去了解客户的爱好和兴趣，否则很难激发起客户的购买欲。同时，投客户之所好，并不是要你去贿赂客户，而是教你一种快速赢得客户的销售技巧，一种顺利销售的有效策略。

因此，销售员只有懂得察言观色，抓住客户的心理特征，了解客户的嗜好并投其所好、对症下药，就一定会拉近彼此的距离，促进销售工作顺利进行。

那么，怎样才能更准确地捕捉客户的兴趣点呢？

1. 根据装扮，推测其兴趣点

从心理学角度来看，生活中的每个人的装扮都透视出其个性和兴趣。因此，销售员应细心观察，用心分析，便可以很容易地从客户装扮所透露出的信息，来捕捉到客户的兴趣点，进而促进销售的进行。

2. 善于察言观色，了解其兴趣所在

在沟通过程中，销售员应善于察言观色，通过客户的言语、表情及肢体语言了解到客户的兴趣所在。例如，当客户说到某个事物而眉飞色舞时，这表明那是他的兴趣所在，相反，如果谈到某个事物时，客户紧锁眉头，或闭口不谈时，则表明客户不感兴趣，或者不想谈及。

3. 分析男女客户不同的兴趣点

如果销售员实在无法从客户的言谈、服饰中找到其兴趣点，则可以按照性别的不同去选择他们可能感兴趣的话题。一般来说，男性客户对股票、商务、运动、时政新闻、投资、网络等比较感兴趣；女性客户则对珠宝、时尚、美容、明星、音乐、影视剧等兴趣盎然。

化解客户疑虑，让客户收获放心

在销售过程中，客户总有这样那样的疑虑，因而对产品的购买犹豫不决。一般来说，客户的疑虑主要集中在质量、售后服务、交付能力等为数不多的几个方面，了解了这些方面，销售员在推销时就可以做到游刃有余。例如，对于大额的销售项目，可以提供分期付款服务；对某项技术有疑虑的，可以请专家讲解，也可以请专业机构进行鉴定，等等。

作为一名销售员，在与客户洽谈时，如果客户出现那种犹犹豫豫的情况，你就应该进行自我反思，想想自己是不是在向客户介绍产品的时候出现了问题，向客户介绍得是不是很清楚。销售员必须清楚客户的疑虑所在，然后根据客户的疑虑具体问题具体分析，从根本上消除客户的疑虑，让客户放心。

下面是销售员与客户之间的一段对话，来看看这个销售员是怎么做到消除客户的疑虑的吧。

销售："胡总您好，我是企业培训公司的业务员小王，我能帮您做点什么吗？"

客户："像你们这样的公司太多了，我一天是不是都不用干活啦？把时间都用来接待你们这样的人？"

销售："是的，您说得很对，现在的培训公司确实很多，这一点我不否认。"

客户："行行，别说别的，你说你们的优势在哪里？"

销售："我们公司是1990年成立的，它具有26年的企业培训历程，我们的优势就是资源。"

客户："你们公司的讲师结构是怎么样的？"

销售："我们的讲师都是具有一定专业知识的，他们有一部分是签约的讲师，另一部分是我们自己的讲师。"

客户："比如员工专业培训这一块，我们有自己固定的培训师，就凭你提供的一些资料，我们是很难了解你公司的实力的。"

销售："对，您说得没错，第一，培训市场确实是鱼龙混杂，单凭我在电话里跟您说，会觉得我是在自吹自擂，所以之后我会把我们公司服务的企业资料发给您看，包括对这些企业的电话、课程以及培训结果等，看了之后您就清楚了；第二，您还可以把一些比较偏的课程，如您觉得难以整合的课程给我，这正是考察我们公司实力的机会；第三，只要您给我一个证明的机会，不管能否合作成功，我们都会认认真真地把您的培训课程做好，把讲师配备好……我只希望我们给您所提供的课程能为您的公司带来实际的效果，这也是我最大的期望。"

客户："那行，我觉得你说得挺实在，但是我还是要先对你们公司的实力进行考察。"

销售："那是当然，我们热烈欢迎，稍后我会马上给您发有关的资料，今天与您沟通得很愉快，同时感谢您在百忙之中抽出时间，谢谢您！"

如今，各个行业之间的竞争都非常激烈，而客户可能每天都会接到很多个推销电话，这让他们对这种行为极为反感。如何才能让客户在心理不反感你，继续听你的电话呢？一般来说，当销售员介绍产品时，几乎每一个客户都会对产品心存疑虑。他们担心的问题可能是客观存在的，也有可能是客户心理作用而导致的。无论是出于什么原因，销售员在处理客户疑虑时，都必须认真对待，采取主动的方式，及时发现客户的疑虑，并请客户讲出来，把销售当中的这个障碍当成向客户提供更多信息的机会，从而使客户消除疑虑，愿意购买产品。

尽管客户疑虑重重，很难购买产品，但是，如果销售员能给客户一颗定心丸，那么一切都会变得简单起来。帮助客户消除疑虑，会给你带来更多的销售额。因此，碰到客户对产品产生疑虑时，你可以采用以下策略和措施来消除他们的疑虑：

1. 良好的外在形象，赢得客户信任感

销售员在与客户见面时要注重个人的衣着打扮，树立良好的外在形象，比如发型、胡子、衣着、皮鞋等要保持干净清爽，给客户留下美好的印象。个人的外在形象是赢得客户信任感的最直接有效的手段，它能够带给我们意想不到的效果。

2. 凭借专业、能力让客户放心

为了让客户有安全感，销售员就必须加强自身的业务能力，使自己变得更专业。销售员应苦练产品专业知识，对产品了解得越深，对行业理解得越透彻，信誉度和能力也就越高，客户才能放心地从你手中购买产品。所以，要做到让客户有安全感，就必须保证客户不会对我们的能力产生怀疑。

3. 坦诚告知客户产品可能存在的风险

有的产品确实存在一定的风险性，所以销售员一定要跟客户说明这些风险，切实保证客户的安全。坦诚告知客户关于产品的一切，不仅是优点，而且还包括可能出现的问题，并提醒客户注意，这才是真正高明的销售技巧。

4. 与顾客签订保证书

销售员可以为客户提供一份可靠的承诺书或者保证书，从而转移客户的风险，使他们不必担心产品出现问题没办法解决。强有力的保证书是客户的定心丸，它能够帮助我们与客户轻松签单。

用微笑拉近彼此间的心理距离

俗话说："面带三分笑，生意跑不掉。"做生意的人要经常面带微笑，才会讨人喜欢、招徕客户、赢得生意。在销售心理学中，微笑的表情可以拉近人与人之间的心理距离。相反，不善意的表情即使是熟人也会让你拒之千里之外。因此，在销售过程中，销售员的面部表情至关重要。

微笑是与人交流的最好方式，也是个人礼仪的最佳体现，特别对销售员而言，微笑尤为重要。从日常观察中，我们可以发现，当客户来购物时，销售员一副愁眉苦脸的样子，客户肯定绕道走开；当客户怒气冲冲地来投诉时，销售员一张紧绷的脸的样子，客户肯定会火冒三丈。相反，如果销售员满脸微笑，就可能感染客户，客户的怒气也就烟消云散，紧张的局面就会发生改变。

试着想一想，没有谁愿意对着一副冷冰冰的面孔，谁都愿意与一个面带微笑、具有亲和力的人交谈。因此，销售员一定要学会换位思考，将自己最美丽的微笑展现给客户。这样可以使销售员与客户之间的心理距离一下子缩短，让客户产生信任感。

某城市举行了一次大型的房车展览会。

一位来自广东的富翁想购买一辆房车。他来到一家销售房车公司的展台，他仔细看了看参展的房车，然后对他面前的推销员说："我想买这辆房车。"这对推销员来说是求之不得的好事，那位推销员很周到地接待了富翁，只是他脸上冷冰冰的，没有笑容。

这位富翁看着这位推销员那张没有笑容的脸，走开了。

他继续参观，到了下一家销售房车公司的展台，这次他受到了一个年轻推销员的热情招待。这位推销员脸上挂着欢迎的笑容，那微笑像太阳一样灿烂，使这位富翁有宾至如归的感觉，所以，他又一次说："我想买辆房车。"

"没问题！"这位推销员脸上带着微笑说，"我会为您介绍我们的产品。"他只这样简单地附和说。

最后，这位富翁果然交了订金，并且对这位推销员说："我喜欢人们表现出一种非常热情的样子，现在你已经用微笑向我表现出来了。你的微笑让我感到我们之间的心理距离一下子拉近了。"

第二天，这位富翁付完余下的钱款，买下了价值1000万元的房车。

从案例中可以看出，微笑不仅缩小了销售员与客户之间的心理距离，而且还能成功达成销售。只要面带微笑，就有可能成交，销售员何乐而不为呢？从日常生活中不难发现，没有哪一个客户愿意看到销售员的一张苦瓜脸，没有哪一个客户愿意为销售员一张愁眉不展的脸埋单？

众所周知，微笑是一种令人感觉愉快的面部表情。它能够缩短人与人之间的心理距离，是人与人之间交往的润滑剂，它虽然是日常生活和工作中极为普通的细小事情，但它潜移默化地影响着每个人。

有句俗话说得好，"伸手不打笑脸人"。对待客户，保持微笑总不会有错。做销售属于服务业，亲和力是必备的素质，而微笑就是拉近与客户距离的重要方法。距离一旦被拉近，就更容易说服客户产生购买行为。

在销售过程中，销售员以微笑开始与客户接触，在轻松愉快的环境下进行销售，有助于消费行为的产生。即使没有销售成功，也至少体现出应有的风度。因此，微笑要始终贯穿在销售的过程当中。

1. 微笑使沟通更顺畅

乔·吉拉德说过："当你笑时，整个世界都在笑。一脸苦相没人理睬你。"试想一下，如果销售员在向客户推销产品时，始终阴着脸没有一点笑容，那客户会接受他吗？相反，如果销售员经常保持得体的微笑，从始至终与客户沟通得都很顺畅，那么客户一定会喜欢同他交往。

2. 掌握微笑技巧

微笑也有技巧，尝试一下下边的练习：嘴巴开到不露或刚露齿缝的程度，嘴唇呈扁形，嘴角微微上翘。每天进行 10 分钟的训练，把遇到的困难和挫折抛到脑后，集中精力想一些高兴的事，这样心情就会好起来。

3. 微笑忌过度热情

微笑，不会花费我们一分钱，但是却能带来无法估算的价值。同时，任何事情都过犹不及。销售员在接待客户时，适当的热情是必要的，但是要有个度，不要过火。如果你的热情超过了客户的承受能力，那么客户会觉得你只是虚情假意而已，就会对你有所戒备，这样就会在无形中拉大你与客户之间的距离。

寻找聊天话题，客户喜好什么你就说什么

在销售过程中，同样是购买，客户当然愿意与自己聊得来的销售员签单。虽然有许多销售员谈业务时往往直奔主题，快是快，效果却并不理想。在难以正面突破的时候，寻找与客户交流的“契合点”则会事半功倍。这个“契合点”就是选择客户感兴趣的话题，客户喜好什么你就说什么。

在心理上拉近与客户的距离，必须寻找共同关心的话题。尤其是在交谈中，销售人员不可以自说自话，必须努力控制自己的话题，一旦发现对方对自己所说的心不在焉，就要立刻打住，哪怕所说的话至关重要。

面对客户，我们的头脑里都有许多事要讲。但是，如果不能了解客户的想法，不注意找到客户喜欢的话题，那么这次沟通就有可能失败。可见，能够掌控话题，是销售人员的必修课。

一个家电大卖场，一位推销员正在为一个客户推销新上市的新款冰箱。

推销员：“现在大多数客户都比较喜欢多功能的冰箱，老旧的单一功能已经不流行了。为了满足客户的需求，我们的新款冰箱正式上市了。您看，这就是我们公司的最新系列产品，有对开门的、超大容量的、微电脑控制的等，各种功能的冰箱应有尽有。而且我们还为客户提供了送货上门

的服务，比如您需要一款对开门的，没问题！只要订购，两天内立刻交货。很不错吧？”

客户：“那么……”

推销员：“我的解说很清楚了吧？您还有什么想知道的吗？”

客户：“你说得很清楚。只不过，嗯……我想买个普通的冰箱，那些功能对我们来说用不上，而且冰箱就两个人用，小的容量就可以了。”

可见，这位推销员最终无法说服客户购买。因为他在介绍产品的时候只是盲目解说，并没有找到客户的真正需求。在推销过程中，很多推销员以为只有滔滔不绝才能打动客户，殊不知，这样更容易失败。事实上，只有说客户喜欢的话题，以客户喜欢的方式去解说，才能说到对方心坎里。

在销售中，一般情况下，客户是不会立即对我们销售的产品产生兴趣的，如果销售员在刚开始接近客户时，就滔滔不绝地谈论产品与销售的事情，往往会引起客户的抵触与反感。相反，如果销售员能够与客户聊他们感兴趣的话题，则可以使谈话的气氛充满生机，使客户感觉找到了知音。让客户产生亲近感之后，销售员再谈销售的事情就相对容易了。

当销售员面对客户，如果不能了解客户的想法，不注意找到客户感兴趣的话题，那么和客户的沟通就有可能失败。每个人都有自己感兴趣的话题，或者是自己擅长的领域，或者是最近期望了解的东西，或者是利益所在。销售人员必须准确判断客户的兴奋点是什么，对哪些话题感兴趣，然后围绕着这些话题展开对话，引起客户的兴趣，那么自然会敞开心扉，传达给你更多的信息。两个人的距离近了，就会建立双方信任，这是实现合作的基础。

如果销售员谈起客户喜欢的话题，客户一般是很难拒绝的。比如，男人喜欢车和钱的话题，女人喜欢化妆品话题，老人喜欢养生保健的话题，小孩子喜欢动画英雄的话题，年轻人喜欢时尚潮流的话题，主妇们喜欢家庭的话题，妈妈们、爸爸们喜欢孩子的话题。每个年龄、每个性别、每个社会角色都有他们共同喜爱的话题存在。因此，在销售中，你要逐步去了解这些话题，并学会去谈这些话题。

卡耐基曾经说过："在去钓鱼的时候，你会选择什么当鱼饵？你自己喜欢吃寿司，但将寿司放在鱼钩前端却钓不到半条鱼。所以，即使你很不情愿，也不得不用鱼喜欢吃的东西来做鱼饵。"因此，无论你对某个话题如何感兴趣，有再多的高见，但是如果客户不想听，你说多少都是白费力。

因此，销售员在与客户谈话时，必须随时观察对方的表情、态度，且必须不断思考判断"对方对这个话题是否感兴趣"。

通常情况下，销售员可以通过以下线索找到与用户有效沟通的话题：

1. 谈论时事新闻，如每天早上用手机迅速浏览当天新闻，与客户沟通时与其谈论刚刚通过手机了解到的重大新闻；

2. 谈论当下大众比较关心的焦点问题，如房价涨跌、股票涨停等；

3. 谈论客户的爱好，如体育运动、娱乐休闲方式等；

4. 谈论客户的工作，如客户在工作上曾经取得的成就或将来的美好前途等；

5. 和客户一起怀旧，比如谈起客户的故乡或者最令其回味的往事等；

6. 谈论客户的身体，如提醒客户注意自己和家人身体的保养等；

7. 询问客户的孩子或父母的信息，如孩子的年龄、上学的情况，父母的身体是否健康等。

选择客户感兴趣的话题，是一种"攻心为上"的销售技巧。因此，销售员事先对客户进行调查，应有必要花时间和精力对客户的特殊喜好和品位等进行研究，充分了解其兴趣爱好。在与客户交谈时，客户喜好什么你就说什么，这样客户才会对销售员所说的话感兴趣，他才会重视起来。

说好客套话，帮助会很大

客套，或者说寒暄，在中国人的礼节中大有学问。一句问候、一个眼神、一个手势，一个点头，一个微笑……都能带给人尊重、关心，可以缩短心理距离、实现感情共鸣。

人是有感情的社会性动物，彼此交流不仅有功利目的，更有感情方面的需要。说些客套话是暖人心的，能加深双方的了解，建立亲密关系，增进友谊。

与客户沟通，也是这个道理。与客户打交道，少不了客套。虽然客套话是与业务无关的话题，但是却能在很大程度上拉近彼此的心理距离，并且影响到后面的沟通。

每个销售人员都知道，问候客户，与客户打招呼都需要说一些客套话。的确，客套话是整个销售活动中必不可少的一部分，这些客套话就像润滑剂，可以瞬间消除双方之间的陌生感，消除隔膜。

但是，事物都有两面性，过度的客套话不仅无法让客户感到亲热和亲近，无法感受到你的礼节和敬意，反而会阻碍双方的善意和坦诚的交流。

某灯具销售公司员工布奇先生经过一个月的培训，学习了部分销售的知识，布奇走上营销岗位的第一天，将去拜访他工作以来的第一位客户。

在培训当中，布奇知道见到客户一定要有礼貌，为了拉近与客户之间的心理距离，一定要说一些场面上的客套话。经过周密的准备，他敲响了客户的门。

客户出门相迎。布奇彬彬有礼地问道："我是布奇，请问你是罗斯先生吗？"说着，同时伸出了手。

客户礼节性地握了握手，答道："我是，你找我有什么事吗？"

"认识你我很高兴，冒昧地打搅您。"

"我也是，很高兴认识你，有什么事情可以讲。"

"真是不好意思，占用了你的休息时间，对此我感到非常过意不去。"

"哦，没关系，你有什么事吗？"

布奇看了一眼屋内的摆设，故意夸奖一番："看你屋内的摆设，就知道你是一个非常有生活情趣的人，我说得没错吧？"

"谢谢你的夸奖，但是你究竟有什么事呢？"客户显然显得有点不耐烦了。

"嗯，再一次谢谢你能够抽出时间来跟我说这么多的话，我真的非常感激。其实，我还想再耽误你一点时间。"

"够了！你已经耽误我够多的时间了！"客户非常焦躁地说。随后，"砰"的一声把门关上了。

此时的布奇目瞪口呆，还不明白这是怎么一回事，心想："难道是自己还不够礼貌吗？"

客套话确实能拉近与客户之间的心理距离，但过度的客套话却带来负面作用。布奇的失败就在于此。客套话是为了表示对对方恭敬或感激，但在运用时要适可而止，千万不可过度。

许多销售人员片面地认为，多说客套话只有好处、没有坏处。其实，说客套话是一柄双刃剑，一方面，客套话可以让不熟悉和不那么亲近的人感受到你的礼节和敬意；另一方面，过度的客套话往往会损害融洽的气氛，反而阻碍了你的善意和坦诚。

因此，作为一个销售人员，只有说好客套话，才会对销售带来很大帮助。否则，过度的客套话只会让生意泡汤，案例中的布奇先生就是一个很好的反例。那么，销售人员该如何说话客套话呢？

首先，销售人员态度要真诚。客套话是建立在谦卑、赞美的基础上，说话的时候一定要充满真诚。

其次，说话把握好运用时机。客套话一般只用于第一次见面，或者销售人员与客户初次正式谈判时。第二次、第三次见面后就要尽量少用。

最后，客套话避免说空话。客套话不是吹捧的话，而是要引出正题。所以，销售人员在表达客气的同时，不妨与产品相关的介绍结合起来，向客户道明你的来意。在夸奖客户的同时，直接提及产品，会显得更自然，更容易拉近彼此间的关系。

多替客户着想，多体谅客户的难处

在销售过程中，很多销售员都坚持这么一个原则，那就是“一切以营利为目的”。于是，在这一原则的指导下，许多销售员为了使自己获得最多的利益，总是不惜去损害客户的利益。他们或者诱导客户购买一些质劣价高的商品，或者是达成交易后就感觉事情已经与自己无关，不管客户在使用商品的过程中会出现什么问题。其实，这样做可能会在短期内获得不菲的收益，但从长远的角度看，对销售员的发展却是不利的。因为如果客户的利益受到损害，对销售员的信赖度就会降低。长此以往，就会导致客户不断流失，从而使销售员自身的利益受到巨大的损失。

因此，销售员应该把客户当作长久与自己合作的伙伴，而不是时刻关注怎么最快地把商品卖给客户。销售人员只有把顾客的问题当作自己的问题来解决时，才能取得客户的信赖。因为，多替客户着想，会使销售人员与客户之间的关系更趋稳定，也会使他们的合作更加长久。

为了能留住老客户，不断发展新客户，销售员就要做到为客户着想，最适用的一点就是为客户提供能够为他们增加价值和省钱的建议，这样销售员才能够得到客户的欢迎。要做到时时刻刻为客户着想，站在客户的立场上来看待问题，销售员就先不要考虑将从中得到的利润，要考虑怎样才能为客户省钱，帮助他们以最少的投入获得最大的回报。

有一个做医疗设备的销售员，费了九牛二虎之力谈成了一笔价值50多万元的生意。但在即将签单的时候，发现另一家公司的设备更合适于客户，而且价格更低。

本着为客户的原则，他毅然决定把这一切都告诉客户，并建议客户购买另一家公司的产品，客户因此非常感动。结果，这位销售员少拿了上万元的提成，还受到公司老板的责怪。但在后来的一年时间内，仅通过该客户介绍的生意就达百万元，而且这位销售员也成为公司的销售骨干。

替客户着想就抓住了客户的心。当能够做到为客户着想时，可能会牺牲自己的利益，这时，最明智的办法就是放弃眼前的利益，以使自己获得更加长远的利益。只有多替客户着想，客户才会替你着想。因此，要想实现成交，就要先替客户着想。

可以说，多替客户着想，是销售的最高境界。当客户意识到销售员在想方设法、设身处地地给他提供帮助时，他会很乐意与其交往，更乐意与其合作。所以，在销售的过程中，只要销售员能够站在客户的立场上为他们的利益着想，并真诚地与他们进行交流，就会赢得他们的信赖，并使之成为长期而牢固的合作者。

在销售中，销售员不仅多替客户着想，而且还应多体谅客户的难处。只有诚心诚意体谅客户的难处，才能得到客户的重视。那些业绩突出的销售人员之所以与众不同，就因为他们比一般人多替客户着想，并体谅客户的难处。

有一位老太太到一家超市买保健品。促销员热情地询问了解后，为老太太介绍了一种适合她吃的保健品。此品牌保健品当时正在搞活动，老太太买了两箱保健品，随带还赠送了一些生活日用品。促销员帮助老太太将所有的商品送到收款台。当时促销员发现老太太是一个人来的，而这么多东西又不好拿，因此当老太太交完款后，促销员主动地对老太太说："请问您是怎么来的？坐车吗？"

老太太听完促销员的询问后很是感动，对他说："谢谢你，我自己坐车来的，要坐三轮车回去。"于是，促销员找了小车帮助老太太把商品送到了超市门口，然后让老太太看着商品，自己去找三轮车。因为老太太的家离超市比较近，而三轮车夫要价高，在双方未协商好价格的情况下，促销员走上去对老太太说："您稍等一下，我再帮您找辆车吧！"老太太向他投来感激的眼神。接着，促销员又找了一辆三轮车并谈好了价钱，帮助老太太把商品装好。当老太太坐上车后，连声向他道谢。

从那以后，这个老太太成为这个保健品店里的回头客。

简单地分析一下这个成交案例就会发现，促销员帮助老太太买商品、结款、找车、装车、送老太太回家。促销员体谅客户的难处，站在客户的立场上考虑问题，并一步一步地帮客户解决，赢得了客户的心，同时也为自己赢得了利益。

在销售过程中，只要我们随时多替客户着想，多体谅客户的难处，真正地把客户当作自己的朋友，尽力满足客户的需求。这样我们就会给客户留下美好的印象，让客户在潜意识中接受你销售的商品。

总之，要想成为一名优秀的销售员，你必须用心维护客户关系。这样，客户才愿意一次又一次地回头光顾你的生意，更重要的是，他们乐意介绍别的人给你，这也就是心理学中所谓的"滚雪球效应"。成功的销售生涯正是建立在这一基础上的。

感情投资花费最少，回报最高

生活中有一种不需要金钱的投资，其效果有时候远比金钱作用大，这就是感情投资。在人际交往中，感情是必不可少的因素，感情是相互间建立良好关系的润滑剂。聪明的人都十分注重感情投资，也许不是立竿见影，马上见效果，但如果相互信赖的人情关系建立起来，那么无论对你的生活还是对事业发展都有着不可估量的价值。

藤田田是日本麦当劳的社长。他每年支付巨资给医院，作为保留病床的基金。当职工或家属生病、发生意外，可立刻住院接受治疗。即使在星期天有了急病，也能马上送入指定的医院，避免在多次转院途中因来不及施救而丧命。有人曾问藤田田，如果他的员工几年不生病，那这笔钱岂不是白花了？藤田田回答："只要能让职工安心工作，对麦当劳来说就不吃亏。"

藤田田还有一项创举，就是把员工的生日定为个人的公休日。让每位职工在自己生日当天和家人一同庆祝。对麦当劳的职工来说，生日是自己的喜日，也是休息的日子。在生日当天，该名职工和家人尽情欢度美好的一天，养足了精神，第二天又精力充沛地投入到工作当中。

藤田田的信条是：为职工多花一点钱进行感情投资，绝对值得。感情投资花费不多，但换来员工的积极性所产生的巨大创造力，是任何一项别的投资都无法比拟的。

人是有感情的，朋友之情、恋人之情、父母之情、姐妹之情等。情感需求才是人需求金字塔中最高层次的需求。有像藤田田领导这么贴心的关怀，员工怎么会不努力工作呢？

人们时常可以见到这样两种截然相反的现象：薪资丰厚，员工的抱怨却很多，即使离开了公司，还在不停地数落公司的“罪状”；薪资水平一般，但员工队伍稳定，对公司满意度很高，员工即使辞职了也会经常联系，甚至还能“回娘家”看看。这两种局面形成的主要原因之一，就是企业内部是否重视情感管理，是否进行了感情投资。

同理，作为销售员，对客户进行感情投资，回报也是最高的。那些懂得以“情感为纽带”，建立情感认可式的销售精英们，常常是在“在商不言商”的情景下交了朋友，他们非但没有因此而延误了销售时机，反而会获得良好的客户群，并且这种关系还相当长久和牢固，同时也给自己带来了财运。

在销售行业中曾经流传着这样一段话：

使用双手的是劳工；使用双手与头脑的是舵手；使用双手、头脑与心灵的是艺术家；只有使用双手、头脑、心灵再加上双腿的才是销售人员。

使用销售技巧，你得到的是佣金；用心灵去沟通，你得到的人心。想要成功销售，你不需要太多的销售技巧，而是需要更多的朋友。做到这一点，最终竞争对手都会被排除出局，再强的竞争对手也无法抢走和你有交情的朋友。

柴田和子是日本寿险界最知名的销售员，连续二十年蝉联全日本寿险销售冠军。他很重视人情交往，并进行感情投资。

日本人十分热爱西方文化，所以他们都会庆祝西方的节日。然而，在感恩节当天，大家虽然知道火鸡是不错的选择，但却不一定真的会去买，毕竟那并不是完全属于他们的节日。柴田和子抓住这样的机会，在每年感恩节的时候，她都送出超过一千只的大火鸡给客户，表达出她感恩的心。

柴田和子的火鸡销售攻势，为她的业务拓展带来很大的效果，但如果追根究底，就会发现其实她销售的正是一种感情投资。

俗话说，“投之以桃，报之以李”，“你敬我一尺，我敬你一丈”等，说明付出了总会有收获。在销售工作中，进行感情投资尤为重要，未雨绸缪，为自己积累起雄厚的人情资本。

对于感情投资，必须有一个正确的认识，应该是自觉地，不能只做表面文章，只保持三分钟热度。以情动人贵在真诚持久。所谓“路遥知马力，日久见人心”，大多的人情投资需要较长的时间才能结出果实，毕竟人与人之间的理解与信赖需要一个过程。所以感情投资不是摆花架子，而是真正地赢得人心。

对客户来说，人情就是面子。给客户面子，他才会认同你、感激你。等到有一天你需要援手的时候，对方才会雪中送炭，助你渡过难关、成就大事。所以，平时一定要对客户做好感情投资，这是迎合对方的妙招。

1. 感情是磨出来的

当你手中拥有几张初交客户的名片时，你不可太急于将客户变成贴心的朋友，而需要慢慢“和面”。好关系是磨出来的，是泡出来的。所以，人情之道是慢工出细活，不能操之过急。

2. 感情投资忌目光短浅

感情投资是一项长期行为，“平时不烧香，遇事抱佛脚”的短视态度是不可取的。销售员平时与客户应加强往来，客户在需要时就会想到你。

3. 一旦许诺客户就要做到

进行感情投资时，绝对不可轻易许诺客户，因为轻诺做不到，不仅会损害客户的利益，还会造成双方感情上的信任危机。所以，一旦做出承诺，就要做到，哪怕自己会付出很多。

4. 平常与客户多联系，多沟通

培养感情的办法很多，平时和客户在无拘无束的气氛中聊聊天，在一起吃顿便饭，写封感谢信，送份小礼品，发几句祝福语，也是不错的选择。通过与客户多多联系和沟通，感情就会慢慢好起来。

你给客户留面子，客户给你签单子

“面子”是中国人一种典型的社会心理现象，中国人最大的特点就是爱面子，面子是人际关系最基本的调节器，面子给得足不足往往是人际和谐与否的重要条件。面子说白了就是尊严。

作为销售人员，处在销售链的终端，直接与客户打交道，要提高服务质量，就要学会与客户打交道，真正贯穿以客户为中心的思想，要充分考虑客户的“面子”。不当面指责客户，不与客户发生冲突，自己的调子低一点，永远保持礼貌、谦虚、恭敬，这并不意味着低人一等，而是一种沟通的艺术。

一个人不管社会地位高低，个人财富多少，爱面子的心理都是一样的。在销售过程中，销售员要平等地对待每一位客户，不能以貌取人，更不能势利眼。最忌讳的就是销售员指责客户，与客户发生争执，甚至羞辱客户，这是销售员“自断生路”。

从心理学的角度分析，每个人心中都有某种强烈渴求被尊重的愿望。因此，销售员从接触到客户的那一刻起，就应竭尽所能地使他成为自己的忠诚客户乃至终身客户，而要实现这一目标，对客户发自内心的尊重便是首要任务。做销售工作要记住，让客户感到不被尊重或没有面子，对自己是有害无利的，因此，销售人员一定要尊重客户，千万不要让客户觉得你目中无人。

每一位客户都是我们的上帝，对待上帝一定要用心服务、细心呵护。学会为客户保留面子，是与客户沟通中的一条基本原则。你每给别人一次面子，就可能增加一个朋友，你每次驳一个面子，就可能增加一个敌人。

聪明的销售员，都会保全客户的面子，不管客户做出了什么，都要对其表示尊重。当你给足客户面子时，客户就会用钞票来回报你了！你给客户留面子，客户给你签单子。

小赵是一家高档男性服装专卖店的促销员。

有一天，有一位男客户选中了一套西装，但总是嫌价格太贵而迟迟没有付账。小赵看到了这种情形，便微笑着说："先生，这可是名牌，自然会贵一些，但相对于您来说，这应该不算贵。一看您这身打扮，就知道您是一位成功人士。像您这样的身份，只有这样高档的衣服才配得上啊！"那位男客户听到这里，便不再讨价还价，而是笑呵呵地付了账。

有一次，有一位50岁左右的男客户看中了一件夹克，但嫌夹克的颜色太深，不想买了。小赵看此情景，脑子一转，马上就说："先生，颜色深能显成熟。要知道成熟美可是男性'综合魅力'中最耀眼的'闪光点'哦！刚才已经有好几位大老板买了这个款式和这种颜色。"那位男客户一听，便不再抱怨了，高兴地买下了。

还有一次，有一位年轻的男客户对一件羽绒服很感兴趣，但就是觉得颜色太浅了点。小赵连忙说道："小伙子，颜色浅的羽绒服能显得人朝气蓬勃，充满活力，给人一种帅气冲天、魅力四射的感觉啊！"那位年轻的男客户笑了笑，付了款高兴地走了。

促销员小赵总是能见什么人说什么话，给足了男客户们面子，从而让这些男客户心甘情愿地掏出钞票。

人人都希望得到他人的赞美和称赞。尤其是作为消费者，得到销售员的恭维就意味着得到了商家的尊重，在面子上有光。促销员小赵正是抓住了客户的这一心理，让他们找到了当“上帝”的感觉。她把那位男士说成是“成功人士”，并说“高档次的衣服”才配得上“有身份的人”，就算那位客户没有什么身份，恐怕也只好“打肿脸充胖子”，毫不犹豫地按原价买下那身“名牌”。当客户在挑剔衣服的颜色时，她又把每一种颜色的优点展示出来，正好迎合了客户“爱美”的心态，从而促成了生意。归根结底，小赵非常善于满足男客户们爱面子的心理，从而做成了一笔又一笔的生意。

在销售过程中，学会主动给客户面子，面子对于某些客户来说，远远比金钱重要。销售员一旦抓住客户的这个软肋，成交自然水到渠成。做生意是为了赚钱，但是若只看到“钱”，而忽视了人的尊严，那么这样的销售员就不算高明。如果你不给客户留面子，客户也不会顾及你的情面。维护好客户的尊严，才能与其处理好关系，最终做成生意。

1. 在众人面前抬高客户

客户都是爱好面子的，都喜欢在别人面前展现所长。销售员应该把握机会，抓准时机，在别人面前抬高客户，推荐客户所长，赢得客户对你刮目相看。

2. 不轻易许诺，避免客户丢失面子

有时候，一些销售员对客户许下了承诺，而客户又对别人夸口销售员能给予他们什么，最后销售员不能兑现承诺，导致客户在别人面前丢失面子。所以，销售员们对于没有把握的事情不要轻易许诺，保全客户面子不受到损坏。

3. 不要当面指正客户的错误

如果客户真的有错，销售员不应当众指正客户的错误，应该等到在没人的地方再跟客户进行述说，保全客户在众人面前的面子。如果你保全了客户面子，客户会非常感激你。

4. 千万别戳穿客户的假话

面对客户的一些假话，不管是善意的，还是恶意的，销售人员都不要去戳穿它，自己心里知道就行了，否则就是伤了客户的自尊心。戳穿客户的假话，在销售工作中，这绝对是个大忌讳。

第四章　心理沟通术：让陌生成为熟悉的“快熟”法则

销售工作是与人打交道的工作，与人沟通能力的高低往往决定了销售员业绩的好坏。沟通是销售的关键，一名出色的销售员成功的因素75%靠沟通，25%靠天赋和个人综合能力。掌握一些与客户沟通的技巧往往能提升与客户沟通的效果，进而促使销售获得成功。

消除陌生，把任何人变成客户

心理学的研究表明，陌生的地方会让人产生一种不安全感，陌生的人会让人产生一种距离感。和陌生人如何交谈，是困扰着很多销售员的一大问题。很多销售员在和陌生人交谈的时候，不知道从哪里开始，该聊些什么，怎么去聊，以至于和陌生人在一起谈话的时候，经常会出现“冷场”的尴尬场面。

销售中有些业务员，一见到陌生客户就感到无所适从，“不好意思”交谈，感到无从启齿，“没有办法”交谈。产生这种现象的重要原因就是：缺乏和陌生客户交谈的勇气。

每次与陌生人交谈时，最好寻找对方也熟悉的人和事。以此牵线搭桥，引出话题。当谈到此类话题时，你们之间的距离就会很快缩短。

一般来说，在大多数销售员的眼中，只有想要买自己产品的人才是客户。然而，在销售精英的眼中，陌生人甚至任何人都是他的客户，即使是同行的人。

下面讲述一个非常值得人深思而真实的故事。故事的主人翁是一个著名的体育用品制造商“阿迪达斯”的创办人阿道夫·达斯勒。

20世纪20年代，随着体育运动的兴起，德国体育用品发展迅速，阿道夫起初跟着父亲在街头摆摊修鞋，后来大胆投资办起了制鞋作坊。

有一次，阿道夫和另外两家作坊的老板一起乘车，去另外一个城市推销旅游鞋。半途，一个拎着一大包帽子的推销员上车了，刚一上车，那个推销员就从包里取出几顶帽子滔滔不绝地向车上的乘客介绍了起来。

都是同行，另外两家作坊的老板当然没有什么兴趣，纷纷把头侧向了另一边，可阿道夫却不一样，他听得很认真。那个推销员见阿道夫听得那么津津有味，连忙问道："兄弟，天这么热，买一顶帽子遮遮太阳吧！等我下车之后你就要错过这个好机会了！"

"你的话很有道理，但你的形象使我没有了购买欲望！"阿道夫认真地说。

"我的形象？你是说我的穿着不得体？"那个推销员疑惑不解地问道。

"不是，不是，你穿着非常不错，但你的鞋子上沾满了灰尘甚至是污泥，而这足以间接地影响到你的产品形象！"阿道夫说。

那个推销员听后连忙拍了拍自己鞋子上的脏泥，但鞋子上的污泥并没有那么容易被拍掉，他尴尬地说："做推销员东奔西跑的，这是不可避免的！"

"对！可是你如果穿着一双随时都能擦干净的运动鞋，这些就完全可以避免了！"阿道夫边说边伸出脚，然后往自己的鞋子上撒了一些灰尘，接着用湿布一擦就干净了。

那个推销员顿时眼睛一亮，觉得穿运动鞋确实是一个不错的选择，不仅走路比穿靴子轻松，最主要的是它能像皮鞋一样一擦就干净，可以保持自己的最佳形象。

那个推销员忍不住问："兄弟，你的鞋子是从哪儿买的，下车后我也去买一双这种鞋子。"这时，阿道夫把身边的大鞋包打开来说："你现在就可以从这里买一双！"

于是，那个推销员从阿道夫的手中买走了一双鞋子，而与阿道夫一起的那两位老板，却始终侧着头，无所事事地把眼睛看向车窗外面。

几年以后，阿道夫的作坊发展成了一家大型的制鞋公司，而另两个作坊老板还举步维艰地在原地踏步，最后甚至停业进了阿道夫的公司打工。他们曾经问阿道夫是如何做到这一切的，阿道夫说了这样一句话：“在你们眼里，只有想买鞋子的人才是你们的顾客；在我眼里，任何人都是我的顾客，包括那个一心向我推销帽子的人！”

与陌生人打交道，如何通过与陌生人交谈让彼此都感到愉悦，同时又不失真诚，是销售员的必修课。没有天赋，同样可以通过后天的努力变成健谈的人。在认识陌生人的过程中，销售员的主动积极很重要，同时也需要不断练习掌握技巧，只有不断地认识并与陌生人交往，你才会有源源不断的客户。

那么，销售员如何与陌生人交流呢？这里提供几个技巧：

1. 主动打招呼

和陌生人交流，首先应开口讲话，打招呼，主动开口，体现你的素质，让人感到了你的热情，有些销售员可能会感到不好意思与陌生人打招呼，其实平时坐车、游玩时多练习，要相信绝大多数准客户也会有礼貌地回应。

2. 适当的赞美

学会赞美是与陌生人交流的另一绝招，要知道，人人都喜欢被赞美。得体的赞美能与陌生人拉近距离，缓解压力。赞美发自内心，多赞美别人总是好的。赞美要真诚，假意赞美很容易被识破，并破坏他人对你的信任。赞美要具体化：“你做的鱼真好吃”好过“你是一个很棒的厨师”；赞美还需符合情景以及赞美者和赞美对象的关系。

3. 寻找共同情趣爱好

每个人都有自己的爱好，有的爱好读书，有的爱好旅游，有的喜欢足球，等等。销售员在跟客户交流中寻找共同兴趣爱好。譬如面临的共同生活环境、共同的工作任务、共同的行路方向、共同的生活习惯等，只要仔细发现，陌生人无话可讲的局面是不难打破的。

总之，不论到何处，以愉快的心情、得体的微笑去面对别人，诚恳地与人交谈，你和陌生人之间的隔阂也会很容易地化为乌有。

尊重客户，才能让客户信任你

人人都有受到他人尊重的需要。人人都希望自己能够得到他人的认可和尊重，顾客也不例外。任何一个顾客都希望被尊重、被重视。销售大师乔·吉拉德曾经说过："我们的客户也是有血有肉的人，也是一样有感情的，他也有受到尊重的需要。因此，销售员如果一心只想着增加销售额，赚取销售利润，冷漠地对待客户，那么很抱歉，成交免谈。"

在与人交往过程中，人人都希望得到周围人的认同、尊重、赞扬，没有人会希望自己被别人看得微不足道。况且顾客是我们的衣食父母和上帝，我们就必须尊重顾客。销售高手都知道尊重、重视客户的重要性，主动、适当地满足顾客的这种心理需求，就会获得更大的市场，就会提高销售的成功率。

作为销售人员，无论什么时候，都必须要尊重顾客，谁都不希望自己被别人看不起，不受别人的重视。不管你对顾客有什么个人看法，都不能在言行和神态中表现出来，毕竟，每个人都会有自己独特的个性，而你要做的就是尊重顾客，用自己对顾客的尊重使他接纳你的产品，为快速而成功地实现销售做好准备。

某推销员向一山村小卖部店主推销洗衣粉。

店主是一位老大爷，生性孤僻，顽固保守。推销员想好了一大堆话，正要开口，这位老大爷便断喝一声："你来干什么？"犹如平地打了个炸雷。

推销员一怔，随即变换了说话内容："大爷，您猜我今天是来干什么的？"

老大爷不客气地回敬说："你不说我也知道，还不是向我推销你们那些破玩意儿。"

推销员一听，哈哈大笑："您老人家聪明一世，糊涂一时，我今天可不是来向您推销的，而是求您老人家向我推销的。"

老大爷一听愣住了："你要我向你推销什么？"

推销员回答："我听说您是这一地区最会做生意的，洗衣粉的销售量很大，我今天是来讨教一下您老人家的推销方法的。"

老大爷活了一辈子，从未有人登门求教，心中很是高兴，于是便兴致勃勃地向推销员大谈其生意经，直到推销员起身告辞才住口。推销员刚走到门口，老大爷像忽然想起什么，大声地说："喂，请等一等，听说你们公司的洗衣粉很受欢迎，给我订100袋。"

这位推销员面对顾客的拒绝，急中生智，采用向顾客请教的方法，极大地满足了老大爷被尊重和重视的心理需求，赢得了他的好感，从而推销了商品。渴望被人尊重和重视，这是一种很普遍的、人人都有的心理需求，作为消费者的顾客也不例外。因此这种心理需求正好给销售人员推销自己的商品带来了一个很好的突破口。

可以说，人人都有渴望得到被尊重和重视的心理需求，没有谁愿意被人小看，特别是在购物的时候，销售人员应该善于把握顾客的这种心理，掌握一定的推销技巧，使顾客的心理需要得到满足，他自然会很乐意地购买你的产品，接受你的服务。

因此，在销售过程中，我们一定要像尊敬上帝一样去尊重顾客，让顾客感受到前所未有的重视，满足顾客渴望受到尊重的心理，这样才能够赢得顾客。

当然，任何一位顾客都讨厌受到冷遇，如果销售员把顾客晾在一边，那么顾客当然不会与我们做生意。所以，销售员要照顾到顾客的情绪，凭借服务细节上的周到来打动顾客。

另外，在满足顾客渴望受到尊重、重视的心理时，销售员需要注意以下三点：

1. 销售员不能势利眼，无论大小顾客都应该一视同仁地对待；

2. 热情地为顾客做好每一项服务，注意细节，面带微笑；

3. 尊重顾客的选择，如果顾客没有购买我们的产品，千万不能流露出不满的情绪。

成功而优秀的销售人员都知道一个道理，那就是在销售中一定要让顾客感到被尊重和重视，这是对销售非常有利的。因此，销售人员一定要尊重顾客，千万不要让顾客觉得你目中无人。聪明的销售人员总是能想着尊重顾客，在销售中，只要你给了顾客面子，他一定能让你拿订单。

牢记客户姓名，换得客户心理好感

美国一位学者曾经说过："一种既简单，又最重要的获得好感的方法，就是牢记别人的姓名。"作为销售员来说，牢记客户的名字，既是对客户的礼貌，又是一种情感投资。

每一个人都十分珍爱自己的名字，倘若你能够记住别人的名字，对方内心会有受重视感。客户也是一样，如果某个销售员能够记住客户的名字，可以说，这位销售员就等于是抓住了客户的心。

因为销售员能够记住客户的姓名，并在其再次光临时能立即叫出客户的名字，就可以有效地提高客户的满意度。这其中的道理很简单，每个人最喜欢听到的、最悦耳的声音就是别人叫自己的名字。心理学家认为，当听到叫自己名字时，人的内心会产生受重视感和满足感。

在销售过程中，能记住客户的名字，并且在每次见到客户的时候首先叫出客户的名字，会让客户觉得自己受到了尊重；另外这还可以缓解客户的抵制心理，并缓和彼此意见的对立，拉近彼此之间的距离。

戴尔·卡耐基曾经说过："记住对方的名字，并把它叫出来，等于给对方一个很巧妙的赞美。"凡是取得非凡成就的人，都知道熟记别人的名字将会给自己带来莫大的收益。天才销售员乔·吉拉德有个很好的习惯，即使是五年没见的客户，只要踏进吉拉德的大门，吉拉德也能马上说出对方的名字，使得客户觉得吉拉德始终记挂着他。所以，销售人员一定要将客户的名字和容貌牢牢记住。

孙先生是某银行基金部的业务经理，从事基金业务已经五年有余。

有一天，孙先生对一位前来办理基金业务的老客户道了一声：“罗浩大叔，您好！”老者眼前忽地一亮，显得非常激动：“小伙子，你还记得我的名字？”孙先生微微一笑：“罗叔，您是我们的老客户了，我怎能记不住您呢？”

老者办完手续后，没有像以往那样很快走开赶路，而是向后面排队的客户讲起孙先生的种种好处来：“小孙这小伙子服务态度可好啦，总是和和气气，他的服务水平可高啦，三下五除二就为你办好手续！”引来众客户频频点头，纷纷投来赞许的目光。

孙先生一句很平常的对客户的称谓，达到了意想不到的效果，其中的奥妙就是记住客户的名字，顿时拉近了与客户之间的心灵距离，令人倍感亲切。

在销售中，一个最单纯、最明显、最重要的表示尊重的方法，就是牢记客户的名字。牢记客户名字，使客户觉得重要，同时让你获得了对方的好感。

但是如何记住客户的名字呢？这对于很多人来说，记住一个人的容貌并不难，可是要记住一个人的名字就不那么容易了。其实，每个人都能较好地记住客户的名字，只是大多数人没有集中精力，没有利用正确的方法罢了。这里就提供几种方法，让销售员能更好地记住客户的名字。

1. 拜访前先了解客户信息

对于老客户来说，拜访之前我们一定要了解这个人叫什么名字，至少要知道姓什么。

2. 联想加深记忆

当我们在记客户的名字时，应尽可能将它和我们熟悉的影像或事物联系在一起。凡是我们和客户相遇的地方、和这个名字有关的事物、我们心中对这个名字的印象，都有助于我们记住客户的名字。

3. 用笔辅助记忆

“好记性不如烂笔头”，要有效记住客户的名字，在销售过程中最好把客户的名字及相关资料记录下来。之后建立起详细的客户档案，并在日后做好跟进记录，并时常翻看。这样一来，我们自然会渐渐熟悉这些客户，并牢记他们的名字。

4. 不断重复，加强记忆

在初次见面的谈话中，可以多叫几次对方的称呼。这样有助于加深记忆。

另外，如果碰上一个较难发音的名字，可以问：“您的名字我念得对吗？”如果客户的名字实在太难记了，不妨问问其来历。

还有，如再次见面，应用记住的名字称呼，如不能完全确认客户名字时，可以试探地问：“对不起，请问你是 ×× 先生吧？”千万不要贸然叫错客户的名字。

适当幽默，让自己成为有趣之人

美国著名保险公司营销顾问弗兰克·贝特洛这样赞美幽默：“幽默是一种智慧，它能在尴尬的场合宽慰人心，缓和气氛。在客户生气厌烦时，幽默会让他会心一笑；在客户提出异议时，幽默能减轻他对产品的偏见。一个出色的销售员就是一个懂得把幽默艺术融入每一次产品介绍中的人。”这个经验特别适合初次与客户见面的销售员。

会晤初次见面的客户，如果再见面后立刻无的放矢地说笑的话，确实有些唐突，但如果在面谈不顺、言穷词拙、无法很好沟通的情况下，那么适当的幽默就成为一服极为有效的清凉剂，既可以缓和甚至扭转尴尬的局面，又可以让客户对你的印象立刻改观，从而使面谈可以再度顺利继续下去。

成功的销售员，一般都具备幽默感，它往往是给形象加分的关键点。当你与客户沟通时，恰到好处地使用幽默作为调节，就可以让你和客户的关系更佳融洽，接触更加全面，甚至可以“化险为夷”，在销售场上立于不败的境地。

为什么幽默有如此大的力量？在使用幽默的方式沟通时，会令客户往往处于一种放松的情境中，他们喜欢和能让自己快乐的人交朋友或者建立某种联系，并将此人用一种愉悦的方式留在自己的记忆中，并为他打上各种积极的标签，不失为提升自身职业形象的一个好方法。无论是哪种销售员，都需要培养出懂得如何幽默的气质，并将这种气质第一时间传达给新客户。

请看下面一个销售案例：

在某城市有一个叫作“泰远”的公司，一位销售员前往该公司向老板推销办公用品。当这位老板以“自己已经有对口销售”为由，拒绝与该销售员对话，这位销售员情急之下说：“我从郊区来的，这么远，您好歹听听我的介绍……”可惜他的话还没说完，老板就面无表情地把门关上了。

这种“哀求”并不会打动客户的心，只能让他们产生反感，继而对相关产品失去兴趣。如果这名销售员用幽默作答，情况又是另一番不同。

老板：“我们公司的办公用品都是从另一家公司买的，暂时没有更换的想法。”

销售员：“我来到贵店‘太远’，如果是‘太近’的话，多来几次也无妨，但偏偏我身居遥远的郊区……”

听了这番话，老板忍俊不禁，笑个不停，招呼这名销售员进来，经过商谈后下了一个订单，并许诺以后办公产品都会向他购买。

小小的幽默发挥出莫大的效果，聪慧的销售人员灵机一动，通过公司名称的谐音抖出一个“包袱”，打动了客户，为自己赢得了更多的机会。

在销售中，幽默就像一把双刃剑。用得好可以让关系变得更融洽，用不好可能适得其反，让你缺乏自信或者造成他人反感。因此，销售员在使用幽默时应注意以下几点：

1. 把握时机

把握好时机，巧妙地运用幽默会让你赢得客户，但是不要不合时宜地讲笑话。

2. 讲究分寸

要区分不同客户的性别、身份、地位、阅历、文化素养和性格，选择幽默的语言。内容健康、格调高雅的幽默才能给人以启迪和精神享受。幽默内容粗俗或不雅，虽然有时也能博人一笑，但过后就会让客户感到乏味无聊，也使自身形象分数大减。

3. 事先准备演练一下

幽默前做“演练”，这是一种安全的形式。试想一下，当你说出某个笑话，客户却毫无反应，那是非常可怕的。所以，在正式讲笑话时，一定要先确认这个笑话是否真的让人觉得有趣，是不是能够达到预期的效果。

4. 建立笑话档案

平时记录下有趣的事情，这样在下次销售或演讲时你就会记起它们。

5. 使用多种表达方式

夸张：适当的夸张可以让语言醒目，突出重点，使人产生联想。

曲解：故意曲解词语含义或偷换概念，让人产生意想不到的结果。

藏头：故意隐藏原因，让听众联想结果，在思考后不禁捧腹，回味悠长。

谐音：故意或无意利用谐音，将内容理解成另外的意思，造成幽默效果。

陷阱：根据需要，对客户进行误导，从而产生幽默效果。

叠加：将很多同类笑话叠加在一起，加大产生的幽默效果。

自嘲：可以算幽默的最高表现形式，敢于拿自己开玩笑，既令人忍俊不禁，又肃然起敬。

转换：打破常规思维，引导客户适时地逆向思考，使他觉得新奇有趣。

倾听客户的心声，满足客户的需求

在和客户沟通过程中，如何倾听客户要表达的真实用意，往往销售员见到客户问问题比较多，但是倾听客户的心声却很少。

作为专业化的销售员，倾听客户心声主要有以下三个方面：1. 听客户想说的话；2. 听客户想说但是没有说出来的话；3. 听对方想说但没有说出来的，但希望销售人员说出来的话。所以，销售人员要听懂客户的心声，否则到手的生意都有可能失去。

刘先生是苹果公司一名著名的笔记本电脑推销员。有一天下午，一名顾客满脸笑容地走进店里。刘先生凭借自己以往的经验判断，这名顾客买电脑的可能性很大。于是，他热情地接待了这位顾客，并为对方介绍不同型号的电脑，还解说电脑的性能。顾客听着刘先生的介绍，频频微笑点头。然后，两人一起向办公室走去，准备办理手续。

出人意料的是，这位顾客在由展示场到办公室不足 2 分钟的时间内，突然莫名其妙地发起脾气来，最后竟然拂袖离去。

为什么顾客突然变脸？刘先生百思不得其解。当天下班后，刘先生就按名片拨了那位顾客的电话。

“您好，先生，实在不好意思，打扰您一会儿，我有一个问题向您请教。您今天本来是要买电脑的，可后来却生气走了，您能不能告诉我，我哪里做错了，好让我以后改进？”

“你说得对，我本来是要买电脑的，而且钱都带在身上！可是，当我去办公室的路上提到买电脑的原因时，你一点反应都没有。你知道吗？我儿子刚考上大学，全家高兴极了，我买台电脑就是要送给他的！我一直在说我儿子的事情，可你却一直在说电脑的事情……”说完后，这位顾客挂断了电话。

刘先生这时才恍然大悟，原来错在自己没有真正关心客户，没有体会客户当时的心境，没有与客户分享他当时喜悦的心情。

在销售中，我们往往会忽略顾客说什么，不注意用心倾听顾客的心声。殊不知，您从顾客的话语中可能会捕捉到某些有用的信息，这些信息有可能就是顾客需求的反应，如果满足了顾客需求，成交就很有可能。

那么，我们该如何去倾听客户的心声呢？倾听对方，不如说是观察对方，阅读客户的身体语言，听的过程一定要和客户眼神有链接，眼睛是心灵的窗户。必要时做一些笔记，将客户说的重要的话记下来，等等。

学会倾听客户的心声是有效推销的基本要求。在倾听客户的心声时，非常关键的一点是要真正分析出客户的心理要求，并找到能满足客户的途径。

1. 善于赞美顾客

人人都喜欢被赞美。销售员在与顾客交流沟通的时候，一定要保持冷静和理智，保持平常心态，适时地针对顾客进行赞美，让顾客心中收获成就感和喜悦之情。

2. 虚心接受顾客的批评

在日常销售工作中，因为一时疏忽大意也难免会出现这样那样的不足，有的顾客可能还会当众批评、指责、发牢骚，这时我们首先要理智冷静。如若是自己的过错，那就必须虚心接受批评，并能及时道歉、纠正。如若不是自己的错，我们也要耐心向顾客解释清楚，争取顾客的理解支持，消除误会和愤怒。

3. 征询顾客的意见

不同顾客有不同的眼光，不同的心理需求，他们对我们的工作也有不同的看法和要求。有些熟客可能会帮我们提出合理化建议，我们认真听取；或者我们自己也可以主动地和顾客聊天，征询他们的意见和建议，以便不断改进自己的销售工作。

总之，只要我们认真地倾听客户的心声，抓住客户的心，获得他们的认同，找对销售方式，销售工作就会越做越顺。

有效提问，让谈判沟通更见成效

在销售实战过程中，销售人员要获得客户信息的一般手段就是提问。所以销售人员在与客户的洽谈过程里也就常常是问答的过程。有效的提问技巧，对成功的人际沟通而言，与有效的倾听和反馈表达同样重要。作为销售员，除了要善于倾听并能准确地反馈客户的需求外，还要善于提问，有效沟通，才能与客户建立良好的关系。

提问是语言推销的重要形式。它一方面表示销售员对客户的尊重和关心；另一方面也可以促使客户集中精力，更好地理解和记忆销售人员发出的信息。因此，销售员向客户提问是需要讲究方式和原则的，做到灵活运用。如果能做到在整个推销过程中，对客户的每一个提问都能讲究方式、遵守和兼顾这些原则，那么，离成功的交易也不会有多遥远了。

同时，在提问时，销售员对客户必须要保持礼貌以及亲和力，不要给客户留下不被尊重和关心的印象；同时还必须在提问之前进行谨慎思考，切忌漫无目的地信口开河。而且，客户都不喜欢被鲁莽地打断言论，也不喜欢听销售人员喋喋不休地夸奖自己的产品。但是，如果销售员以征求客户意见的态度向他们提出友好而切中他们需求的提问时，他们会渐渐放松对销售员的警惕和抵触心理。

因此，只有有效的提问才会让沟通更有效。有效的提问好处很多，它不仅可以较好地把握客户需求，与客户保持良好的关系，还有利于掌握和控制谈判进程，减少与客户之间的误会。因此，销售员提问要注意以下几个方面：

1. 提问有吸引力

有吸引力的问题才会引发客户积极的思考，说出销售员想要知道的信息。对于没有吸引力的提问，客户甚至一听就心生厌恶，又怎么可能会心甘情愿和销售员交谈呢。

2. 态度要诚恳

销售员诚恳的态度、低调的作风，会让客户觉得你是一个值得信赖的人，会让客户十分放心与你合作。

3. 语言要简明不啰唆

销售员提问的语言应言简意赅，过于啰唆的语言，只会让客户觉得你是个优柔寡断、不适合合作的对象。

4. 提问有针对性

作为销售员，提出的问题要有逻辑性、有针对性。如果提问漫无目的，会显得没有重点，客户也很难理解销售员提问的方向和目标。

有效的提问，不仅能促进与客户的沟通，也能大大增加与客户合作的机会，当然，在提问的时候，也需要注意提问的技巧，相信客户会很乐意与你沟通、合作的！

有这样的一个例子：

客户：你们还有同类产品吗？

销售员：当然有！

客户：有多少？

销售员：多得很，因为大家都喜欢这款产品。

客户：太可惜了，我喜欢独一无二的产品。

这位销售员在与客户沟通过程中，如果懂得仔细揣摩客户的心理，善于沟通，也许这桩生意就不会这么不了了之了。

聪明的销售员应该这样应对客户：

客户：你们还有同类产品吗？

销售员：有意思。你为什么会问这个问题呢？

客户：我很想知道你们到底有多少同类产品。

销售员：原来是这样。你怎么会关心这个问题呢？

客户：我喜欢独一无二的产品。

这样一来，就能清楚地知晓客户的意图，才能针对不同客户的不同要求，来调整自己的产品和销售方案，也就大大增加了与客户合作的机会。

通过上面的案例可以看出，当销售员在面对不方便回答的问题时，适当地运用反问法，把问题踢回给客户，更不失为明智之举。但是提问也要讲究方法，正确的提问方法可以引导客户说出销售员想要知道的信息，但是如果提问方法不当，就会适得其反，使得和客户的沟通不欢而散。

那么，销售员向客户提问有哪些方式呢？

1. 求教型提问

这种提问是用婉转的语气，以请教问题的形式提问。这种提问的方式是在不了解对方意图的情况下，先虚设一问，投石问路，以避免遭到对方拒绝而出现难堪局面，又能探出对方的虚实。如：“这种商品的质量不错吧？请能评价一下好吗？”

2. 启发型提问

启发型提问是以先虚后实的形式提问，让对方做出提问者想要得到的回答。如一个顾客要买鞋子，促销员问：“请问买质量好的，还是差一点的呢？”

3. 协商型提问

协商型提问以征求对方意见的形式提问，诱导对方进行合作性的回答。这种方式，对方比较容易接受。即使有不同意见，也能保持融洽关系，双方仍可进一步洽谈下去。如：“您看是否明天发货？”

4. 限定型提问

这种提问是提示两个可供选择的答案，两个答案都是肯定的。人们有一种共同的心理——说“不”比说“是”更容易和更安全。所以，内行的推销员向顾客提问时尽量设法不让顾客说出“不”字来。如与顾客订约会，有经验的推销员会对顾客说：“您看我是今天上午10点钟来见您还是11点钟来？”“11点钟来比较好。”当他说这句话时，你们的约定已经达成了。

第五章　心理说服术：

把话说到客户心坎儿上，一句顶一千句

说服别人是一门技术，也是一门艺术。要顺利地说服别人，靠的不是渊博的知识，而是准确地掌握对方的心理，看透对方的内心，并在此基础上巧妙地提出自己的看法，说服对方，让对方服从于自己的意愿。

话不在多，“攻心”最重要

作为销售员，或多或少都参加过大大小小的残酷商场谈判，在各种利害关系环环相扣的复杂人际关系中，“谋定而后言”的攻心说服术显得至关重要。如果谈判者说错一句话，就会骑虎难下，反胜为败，甚至一败涂地。

相反的，谈判者说对话，甚至只是一句话，也可能反败为胜，化危机为转机。至于，这一句话是说对说错，关键就在于“攻心”。

话不在于说的多少，“攻心”最重要。攻心，才是说服成功的关键。曾经有一位知名的“讨债专家”说过，这世界上有三种人的债最难讨，就是政客、警察和黑道，不过，他都有办法讨得到，因为他深知他们的弱点：政客怕丑闻，警察怕被告，黑道怕人情。只要掌握了他们的弱点，他们一样乖乖听话。

这位“讨债专家”可以说是名不虚传的“攻心专家”。他的这席话，道出了“攻心为说服之本”。只有懂得“攻心”说话才是谈判或说服成功的关键。

大家都知道，破案率很高的那些神探能多次突破重大罪犯的心理防线，侦破了不少大案要案，然而那些神探却不善言辞，虽然神探的话不多，但每个字都很精准且有力量，直达罪犯的内心弱点。神探盘问罪犯，靠的不是口才，而是攻心。

请看下面一个案例。

在“二战”期间，美国因为参战兵力严重不足，于是动员大批青年服兵役，但多数美国青年过惯了舒适生活，担心上战场会丢掉性命，于是纷纷抵制美国政府发出的征召令。地方政府官员多次动员广大青年参军，但收效甚微。

其中，有一个州的官员连续几天游说，却仍然无法说服那些懦弱且意见纷杂的青年。正当他焦头烂额之际，有人向他介绍一位大名鼎鼎的心理学家。

这位心理学家经过一番精心准备之后，信心十足地来到募兵现场。当他面对台下东张西望的青年时，先沉默了五分钟，然后用浑厚的男中音开始进行演讲：

“亲爱的孩子们，我和你们一样，特别珍惜自己的生命。”

青年们见他颇有学者风度，说话又切合自己的胃口，便开始安静下来聆听。

“首先我要告诉大家，热爱生命是无罪的，因为，我们每个人都只有一次生命。凭良心说，我同样反对战争、恐惧死亡，如果要求我到前线去，我也会和大家一样想逃避这项命令。”

“但是，我也存在另外一种侥幸心理：假如我服兵役，可能只有一半的概率会上前线作战，因为也有可能会留在后方；即使上了前线，我作战的可能性同样也只有一半，因为说不定我会成为某长官的左右手而留在安全地区；万一我不幸必须扛起枪，受伤的可能性仍然只有一半；即使不幸挂彩，如只有轻伤也不致受到死神的召唤，因此，我实在没有担忧的理由；如果是重伤，或许在医生的帮助下也有可能逃离地狱的鬼门关；就算真的运气不好，如果我不幸为国捐躯，亲人和朋友也将替我感到骄傲，我的父母不但会受颁一枚最高勋章，还可得到一笔数量可观的抚恤金和保险金，邻居小孩子们会以我为英雄，把我当成偶像来崇拜。而我，一位伟大的战士也进入天堂，来到慈祥的天父身边，说不定还会见到万人敬仰的华盛顿将军。”

听完这段演讲，本来极力抗拒上战场的青年们纷纷表示愿意赌一赌，他们或者是想当英雄，或者是有人家境不好，万一出事可以领取巨额抚恤金。

就这样，心理学家的一席话，攻下了青年们的心理弱点，让他们成功地被说服。

从上面的案例中可以看出，这位心理学家一席话很快瓦解了青年们坚固的防御心理，掌握了他们潜意识下的心理需求，然后将他们一步一步引入预先布下的“陷阱”中，最后巧妙地操纵对方情感，使其轻易就范。

如果像那位官员一样，在说服青年们的过程中，坚持自己的主张和观点，试图使自己彻底击溃青年们而占得上风，哪知道，青年们反而加强防范、顽固对抗，结果适得其反。

而这位心理学家则不同，他先顺应青年们的意思，肯定他们的想法，再有意无意地以可能性的假设说法表达自己的观点，戳中了一些青年内心深处的想法。

其实，作为销售员，说服客户也一样需要“攻心”战略。一个销售员的成功往往不是因为他聪明，而是因为他精通销售心理学！掌握不同性别、年龄、体态的顾客的心理，认真分析顾客到底需要什么。只有深入顾客的心理，掌握高超的攻心战术，才有可能促成交易。

“成功的推销员一定是一位伟大的心理学家。”这是销售行业的一句名言。美国一项调查表明，通常那些超级销售员的业绩是一般销售员业绩的 300 倍。在众多的企业里，80% 的业绩是由 20% 的销售员创造出来的，而这 20% 的人并不一定都能言善辩，唯一相同的就是他们具有洞悉客户心理，说服客户的高超本领。

所以，在销售中，你要想提升你的销售业绩，就一定要懂得察言、观色、攻心。在销售过程中，销售员说服客户的语言就像是子弹，而客户的心理弱点和需求，就像是靶子，如果瞄不准靶子，尽管你妙语如珠，说话像机关枪，也只是浪费子弹。如果你能一枪正中靶心，胜过乱枪扫射。攻心，正中客户的罩门，找出客户恐惧的关键，满足客户的需求，你就可以说服客户。事实上，说话越多的人，思考就越少，而且说话太多，对方也无法吸收，纯粹是浪费口水和力气，对说服对方一点助益也没有。

由此可见，在销售过程中，要想说服客户达成交易，就应该知道如何去攻心，如何抓住客户的心理罩门或死穴，如何分析客户心理需求，彻底从“心”去掌握优势，不浪费子弹，从而以最低成本完成任务。

巧用提问来说服客户

销售是说服的艺术，但是如果只有说，而没有问，销售就会走进一条死胡同。

提问与销售过程的每个阶段都有着密切的关系：在早期的开发客户阶段，提问可以帮助我们识别客户；在激发客户需求阶段，明确客户的问题和清楚展示你的产品或服务怎样以更节约成本的方式帮助客户解决问题，提问简直就是核心；在后期促成客户成交并采取行动的阶段，同样离不开提问。

正确的提问是引起客户注意、获取相关信息、争取主动权、引导客户思考、进行谈判总结的法宝，是销售取得成功的关键。

优秀的销售人员都是善于提出有效问题的高手。有效的提问不但可以准确把握顾客需求，促成交易，而且还能够加快销售节奏，提高销售效率。只有这样，销售员才能够顺利引导客户形成购买的意向，并说服客户达成交易。

销售员提问技巧的高低决定其自身销售能力的大小，由此看来，销售员提问技巧是多么重要！那么，销售员提问技巧有哪些？提问不是简单地问问题，而是在问问题的过程中挖掘你需要的问题，巧妙引导客户需求，从而达到销售的目的。

一位推销员按响一家住户的门铃，主人把门打开。推销员问道："家里有高级的食品搅拌器吗？"主人怔住了。这突然的一问使主人不知怎样回答才好。他转过脸来和夫人商量，夫人有点窘迫但又好奇地答道："我们家有一个食品搅拌器，不过不是特别高级的。"推销员回答说："我这里有一个高级的。"说着，他从提包里掏出一个高级食品搅拌器。

接着，不言而喻，这对夫妇接受了他的推销。

假如这个推销员改一下说话方式，一开口就说："我是 × 公司推销员，我来是想问一下你们是否愿意购买一个新型食品搅拌器。"你想一想，这种说话的推销效果会如何呢？

销售员是靠嘴巴来赚钱的，凡是优秀的销售人员都拥有一副伶牙俐齿，但"顾客不开口，神仙难下手"。销售员的目的是让顾客来主动讲话和销售员进行有效沟通，因此有效的提问就显得尤为重要。

在销售中，只有懂得巧妙地提出问题，才能够把和客户之间的谈话导向自己所希望的那种结果。因为说服的艺术并不在于你来我往地各抒己见，而是隐藏于一问一答的过程之中。提出相应的问题，可以引导你的谈话对象去仔细地思考，然后说出他的意见与看法。

销售人员巧妙发问，可以逐步引导客户做出购买的决定，甚至建立起真正的友谊。巧妙提问不仅可以得到好处，而且也是非常有必要的，它是推销的一种必不可少的手段。

销售人员在与客户的沟通中，一个好的提问有可能会促成一笔交易的达成，同样，一个不当的提问也很可能会葬送一笔即将要成交的买卖。因此，在向客户提出问题时，必须要慎之又慎。

1. 选择好提问的时机

销售人员在向客户提问时，一定要注意把握好时机，做到审时度势地去提问，这样才能够比较容易地引起对方的注意，保持客户对沟通的兴趣。

2. 避免一些不当的提问法

一个不当的问题，对沟通效果的影响也许将是不可挽回的，所以销售人员要特别注意。如提出敏感性问题或者提出对方不可能回答的问题等。杜绝使用讽刺性、盘问式、审问式的发问。

超级说服力：完美的 30 秒自我介绍

销售员按照约定的时间、地点拜访客户，见面的第一件事就是自我介绍。

作为一名优秀的销售员，在初次与客户见面时，必须要在 30 秒内做完公司介绍及自我介绍，引起客户的兴趣，让客户愿意继续谈下去。即销售员要在 30 秒钟内清楚地让客户知道下列三件事：一是我是谁，我代表哪家公司；二是我打电话给客户的目的是什么；三是我公司的产品对客户有什么用途。

有效自我介绍的目的是让客户在最短时间内对你感兴趣，对谈话内容感兴趣，在交谈中能够很快进入关键，而不是借故推辞，使你无法介入主题。

在自我介绍中，还可以运用一点推销技巧：

一是，推销员在自我介绍时要充满自信，自然大方；

二是，要诚心诚意，不可虚假造作，既不夸大其词，也不自卑自负；

三是，介绍时要反复强调自己的姓名，加强对方的记忆；

四是，介绍时讲话要清楚，不疾不徐，语调适中；

五是，介绍自己姓名时要有创意、新颖，能够吸引客户。

其实，自我介绍就是第一次向客户推销自己，每个销售员都必须重视起来。只有把自己有效地推销出去了，才能得到客户的接受和认可。只有得到客户的接受和认可，才有机会进一步推销自己的产品。所以说，对于销售人员来讲，首次面对客户，如何进行自我介绍非常重要。请看下面的案例：

一位销售地板的销售员来到一家建材公司。

销售员："您好，请问是绿岛建材公司的胡总吗？"

客户："是的，请问您找哪位？"

销售员："我是一家专门生产地板公司的推销员刘洁，想向您介绍一下我们公司的最新产品。"

客户："我现在很忙，没时间了解这些。"

销售员："胡总，不会占用您太长时间的。"

客户："刘先生，我真的没时间，你下次再来吧。"

这位销售人员的通话失败之处就在于作自我介绍的时候没有充分地表达清楚，而且是直接向客户推销产品。这样就把客户的注意力引向推销本身，令对方很容易厌烦你、拒绝你。

所谓自我介绍法，就是走近准客户亮明自己的身份，进而介绍公司产品的一种方法。初次与客户介绍，首先需要做个自我介绍。自我介绍主要包括三点内容：一、我是谁；二、我来自于哪家企业；三、从事什么工作，初次与客户接触，自我介绍的主要目的是让客户记住，因此自我介绍过于平淡，就很难起到作用。

同时自我介绍在不同的场合，应与当时的气氛相适应，如在客户办公室里作自我介绍，要求标准、清晰，体现出职业水准；在休闲场合，自我介绍要诙谐、幽默，体现出处事风格。

自我介绍时的语速和音量也非常关键，语速不易过快，也不易过慢，吐字要清晰，尽量用普通话来表达。自我介绍时，两眼注视对方，面带微笑，保持不卑不亢的神情。

在运用自我介绍的推销技巧时，一定要简短，切忌为了引起客户注意而滔滔不绝讲自己，这会令客户讨厌，要去谈客户，才能吸引他的注意力。

初次与客户见面的自我介绍就是产品销售的开始，要么成功，要么失败，关键在于销售员的销售沟通技巧了。但是，很多销售员在第一环节的自我介绍中，尤其是新销售员，就犯下一些常见的错误，也就是这些常见的错误导致了销售员推销失败。

下面来了解在销售中自我介绍常见的错误：

1. 紧张过度

自我介绍中紧张感对于新销售员来说都会有的，如何克服紧张感就是个人的问题了。但是在短短的自我介绍中，都因为太过紧张感而影响到了，那给客户的印象就会降低。

2. 声音过低

声音过低，不但影响了客户对你的了解，让客户费心思去听你说的话，不仅会对你产生一种厌恶感，而且会让客户觉得你有一种不自信的表现，会大大降低你的印象分。

3. 不敢正视客户

很多新销售员在自我介绍时总是眼神飘浮，甚至头低下来直到说完，特别是女性销售员，因为害怕陌生人，不敢直视。这不仅仅是不自信的问题，甚至有性格和习惯上的问题。

4. 过多的小动作

在自我介绍时间中，伴随着紧张感来临，一些销售员会在不经意中出现一些小动，如抖脚、擦汗、到处张望、弄头发、嘟嘴等，都会导致客户给低印象分。

5. 支支吾吾

因为紧张，新销售员在自我介绍中都会断断续续、支支吾吾地说不通顺一句话，这会给客户留下很不好的印象，严重的还以为你口吃或者说话有问题。

6. 准备不充分

一些新销售员在自我介绍中不知道说什么，或者连自己都不知道说什么，或者不分主次说一大堆，又或者前句和后句都没有什么关系，这都是准备不充分的表现。

巧妙回答，化解客户不合理的要求

做销售，我们都知道客户为上，因为我们的业绩都是客户带来的，生怕得罪客户，什么要求都要满足客户，这样做到底对不对呢？当然不对，对于合理的要求，我们可以满足客户；对于不合理的要求，我们要学会拒绝。

但是，在现实销售过程中，有时候客户提出不合理的要求，业务员也不好拒绝，怕客户生气，取消合作关系，就自己承受。如果这样做的话，就会让自己陷入进退两难的地步。

李先生是一家笔记本电脑销售公司的业务员，他进入公司才一个星期就接到了一个订单，一家公司向他订了5台最新款的电脑，这是李先生进入公司的第一个单，所以他非常重视这个订单。但是在和客户报价的时候，客户说价格太贵了，李先生不想失去订单，不断做出让步，价格一降再降，给了客户最低价。

哪知道，客户又提出要送货上门的要求，还要公司的技术人员去调机。客户离公司还很远，公司的规定是不能送货上门的，但客户强烈要求，如果不去就退货。李先生不想让到手的订单就这样丢了，于是自己花钱租车和技术员一起去送货了。

最后，单子是拿下来了，来回的路费花了 300 块，请技术员吃饭花了 100 多块，还欠技术员一个人情，这个订单的提成也就 500 块左右，这样算下来，李先生也没有赚到什么钱，遇到这样的客户李先生表示很无奈。

李先生为了做成订单，答应了客户不合理的要求，这种做法对公司和自己都不太好。当我们收到客户的不合理要求时，我们要让客户明白，我们的能力有限，不可能满足他所有的要求。对于不合理的要求，要学会拒绝，但也不是直接拒绝，要用一些方法和技巧。

当客户在向你提出要求时，一定要问清楚是什么目的，自己能否做到，如果是合理的要求，自己能做到的，那就要做好、做透。如果不合理，超出了自己的能力范围，甚至危及公司利益，那你就不能碍于人情去答应，一定要果断地拒绝。当然，说话要委婉。

当你拒绝了客户的要求，客户肯定会有些生气，失落，心情不好，还可能会指责你，这时你要表示理解，向他们解释：公司规定，我也是无能为力，如果是能做到的要求，那我一定会全力以赴。

当客户提出要求时，一定要问清楚什么事、什么目的、自己能不能办。如果要求正当，又在自己力所能及的范围，应尽力为客户提供服务，把好事做好、做实、做到位，以体现“客户至上”的服务理念。反之，如果对方要求苛刻，既超出了自己的能力范围，又不符合政策规定和工作规范的要求，就要毫不犹豫地予以拒绝。不要给客户留下什么念头和希望，千万不能碍于情面，含糊其词。

俗话说，“林子大了，什么鸟儿都有”。销售员接触的客户越多，客户量越大，碰到的客户类型就越多。不同的客户具有不同的特点，有的客户提出合理要求，我们尽可能去满足他们，而有的客户提出不合理的请求，我们不能屈服他们。可是为了不得罪我们的客户，又不能接受他那些不合理的要求。那么该如何化解客户的不合理要求呢？有哪些技巧呢？

1. 稳住客户的情绪

有时候，客户由于心情不好而提出一些过分甚至无理的要求。这时候，如果销售员直接拒绝很容易激化矛盾。因此，销售员应先平息客户的情绪，消除争议，等双方气氛缓和了，再进行说服工作。

2. 向客户表示职权有限，无法做主

有时，你可以向客户指出他的某些要求不属于你的职权范围，你做不了主，这样既向客户表示了拒绝，又使客户对自己的拒绝能够谅解。比如："对不起，胡总。这个已经超出了我的权力范围，请见谅。"

3. 让小步换取客户让大步

有的客户比较难缠，奉行强硬政策，单方面要求对方让步。对于这种客户不要硬碰硬，而要巧妙周旋，轻易不让步，即使让步，也要在你让小步的基础上，换取客户让大步或对等让步。

4. 以幽默的方式拒绝客户

幽默可以使人在遇到尴尬时，保持轻松愉悦的心情而使双方不伤和气。在遇到客户提出不合理的要求时，销售员可以使用此种方法化解危机。通过幽默的说话方式，指出客户的要求不可能实现，不易造成客户的尴尬，容易被客户所接受。

5. 对客户晓以利害

销售人员遇到客户提出的一些不合理要求时，可以从客户的角度出发，说明如果顺从客户会引发的利害关系，使客户了解由此对他产生的损害，从而取得客户的谅解。

6. 向客户推荐其他公司

当你确实不能接受客户的要求，而且又不忍心让客户失望时，可以在通话结束时向客户推荐其他公司。这种做法很容易使你在客户心中树立起诚实可信、为人热情的良好形象，为以后的合作留下余地。比如，"刘经理，真对不起，这个价位我们不能满足您，不过，您可以和 ×× 公司联系，那里可能会让你满意”。

总之，销售员应充分运用各种因素，协调公司、客户之间的利益关系，巧妙化解客户的不合理要求，这不但能体现出为客户着想，也能够为公司谋利。

雄辩是说服力，沉默更是说服力

有人认为销售是一项表现口才的工作，一些从事销售工作的人也如此认为，于是他们就用自己的巧舌将产品或服务的优势淋漓尽致地呈现在客户眼前，从而达到销售成功的目的。

当然，销售确实需要讲究口才，但并非口若悬河就能说服客户。销售更是一种相互沟通的过程，在这一过程中，客户既希望自己的物质需求能够得到满足，又希望自己的心理能够感觉满意。销售人员急切的表现也许会在较短的时间内传达给客户足够的信息，但是如果销售人员的表现过于急切，那么就会让客户对产品或服务产生怀疑，同时客户还会产生被强迫购买的感觉。

在相互沟通的过程中，要想让客户的物质需求和心理需求都得到满足，不仅需要销售人员适度的表现，还需要巧妙的沉默。沉默对于销售成功的意义非比寻常，而掌握这一技巧又需要销售人员不断地实践锻炼。就如同全美最知名的保险推销员博恩·崔西所说："沉默是一种哲学。"

沉默像乐曲中的休止符，它不仅是声音上的空白，更是内容的延伸与升华。它是一种无声的特殊语言，是一种不用动口的口才。

雄辩如银，沉默是金。在销售中，有些时候确实是沉默胜于雄辩。与得体的语言一样，恰到好处的沉默也是一种语言艺术，运用好了常会收到"此时无声胜有声”的效果。

在销售过程中，谁都知道销售离不开良好的口才以及有效的说服技巧，但是要知道销售并不完完全全是靠“三寸不烂之舌”，有时候沉默也可以达到有效“说服”顾客的目的。

小王是一位销售空调的推销员。有一次他接到一个客户的电话，说是刚购买的空调不制冷，让他赶紧过去看一下，因为这个客户是一家公司的负责人，刚刚购买了一批空调。所以当然不敢怠慢，马上就赶了过去。

小王刚到客户公司里，客户就向他连珠炮似的轰了过来，说他的空调怎么怎么不好，上他的当了，要退货。导致他的公司不能按期开业，损失多少多少等。小王知道，客户现在的心情他可以理解，现在不管他怎么说客户都不一定听得进去，如果现在和客户口头争执的话，可能会把事情弄僵，现在唯一能够让客户信服的只有用实际行动来证明了。因此，小王选择了保持“沉默”。

等到客户说得差不多的时候，小王才向客户详细了解目前的问题，根据客户所描述的情况，原来是客户失误操作所造成的空调不制冷现象。问题解决了，这时候客户没声音了，知道是自己错了，连忙向小王道歉，说不应该向他发火和说些过激的话。

案例中的小王面对客户的指责，适度保持沉默，不与客户争辩。后来发现是客户不当操作造成的产品问题，最终客户知道是自己的错，连忙向小王致歉。所以，有时候客户在滔滔不绝地抱怨你的产品质量有问题，价格多么贵以及售后服务多么不到位的时候，千万不要马上反驳，纠正客户的想法，而是保持沉默，倾听客户的抱怨。嘴巴不动的时候，脑子却要动起来。迅速判断客户的意图、愿望和误解，整理出关键点，以便在客户倒完“苦水”后，有针对性地回应和说服。

所以，在销售中，有时候雄辩是说服力，沉默更是说服力。

沉默是一种无声的语言，在销售中往往起到意想不到的作用。那么，在实际中该如何运用这一技巧呢？

1. 未弄清客户购买意图之前应保持沉默

在未弄清客户购买意图之前，不要轻易开口，保持沉默，不但能揣摩客户是否有购买的意图，往往还能变被动为主动。如果冒失开口，将会造成客户临时改变主意，使原本成交的结果转为失败。

2. 当客户谈论产品不足时，应保持沉默

在特定的环境下，沉默常常比理论更有说服力，尤其是当听到客户谈论产品不足的时候。很多销售员容易犯这样一个错误：一旦客户谈论产品不足时，往往会打断客户，进行争论。其实，这是最不明智之举。这时要学会保持沉默。当客户说完后你用实际来证明你的产品比你与客户争论要强得多，也更有说服力。

3. 保持沉默要掌握时机和场合

心理学告诉我们，在不同的场合，人们对他人的话语有不同的感受和理解，并表现出不同的心理承受力。正因为受特殊场合心理的制约，有些话在某些特定场合中说比较好，但有些话说出来就未必佳。同样的一句话，在此说与在彼说的效果就不一样。因此，说什么、怎么说，一定要顾及说话的环境，如果环境不相宜，时机未到，最好的办法是保持沉默。如果不分场合和时机，其结果必然是事与愿违，达不到说服的目的。

一语中的，把话说到点子上

世界上，最会说服别人的人不是口若悬河、滔滔不绝的雄辩之士，而是那些言简意赅、恰如其分地阐述自己观点的人。真正会说服别人的人，懂得用最简单的语言把意思表达到位，知晓在最短的时间内把话说到点子上。

在销售界，销售员“会不会”说服客户在销售中起着至关重要的作用。会说话，三言两语便能感染客户，使其心动，从而购买产品。不会说话，即使产品再好，自己的专业水平再高也打动不了客户。因此，对于销售员来说，把话说到点子上，可以说是提高业绩的撒手锏。

当然，如果想把话说到点子上，就必须对要销售的产品有充分的了解。只有充分了解自己推销产品的功效，才能深入地去了解客户的需求，从中找到相通之处，进行有的放矢的说服。通常，客户只买自己想要的东西，当你能够通过和客户交流，让客户感觉到你的产品就是他所需要的，你就能轻松地拿下订单，成功地卖出产品。

李勇是一家游戏软件公司的推销员。一天，李勇来到一所幼儿园来推销他的游戏软件，刚放学，家长都在幼儿园门口接孩子。

李勇很礼貌地对一位家长说：“您好，这位家长，您的孩子快上小学了吧？”

那位家长愣了一下说：“对呀。”

李勇继续说：“孩子在小学阶段是最需要开发智力的时候。我这里有一些游戏软件，对您孩子的智力提升非常有效。我想，您一定希望您孩子的智力超人一等吧！”

那位家长立即拒绝，说道：“我儿子不需要什么游戏软件，他都快上小学了，谁还玩这些东西？难道你没有听说过‘玩物丧志’这个词吗？”

李勇连忙解释：“我们推出的这个游戏软件是专门为小学生设计的，它是把数学和英语学习综合在一起的一款智力游戏，绝不是一般的游戏软件，其主要目的是提升游戏者的数学和英语能力。”

听到李勇的这番介绍，那位家长开始犹豫了。李勇看到那位家长有些心动了，于是继续说道：“现在是世界新的技术革命正在兴起的时代，不再像过去那样光从书本上学习知识，现代的知识需要通过现代的模式学习。事实上，游戏软件已经成为孩子学习的重要工具了。”

李勇边说边从包里取出了一个游戏软件递给那位家长：“这就是我说的游戏软件，不如让我们一起来看看内容吧？”

很快，那位家长便被李勇推荐的游戏软件的内容给吸引住了。

李勇趁热打铁，又说：“现在的孩子真命好，家长为了孩子们能够全面发展，成龙成凤，往往不惜代价。我今天拜访了好几位家长，他们都买了这款游戏软件。因为他们也觉得这款游戏能帮得上孩子学习，他们还要求我一有新的产品就要马上告诉他们呢。”

最后，那位家长很高兴地买下了这套游戏软件，而且后来还跟李勇成了好朋友。

成功的推销员非常清楚客户心里想要的是什么，因此总能把话说到点子上，说到客户的心坎里。上述案例中的推销员李勇，就非常会说话，懂得将自己产品中的某些特色完美地诠释成客户想要的东西。

在推销过程中，会说话的推销员不会毫无顾忌地乱发挥，而是懂得用心地使用会说话的艺术，力求把话说好，把话说到点子上，说到顾客心窝里。

会说话的推销员懂得说话的重要，甚至还善于在推销时安排好讲解的顺序，这样不仅可以把话说到点子上，而且还让所说的话听起来合情合理，逻辑性强，从而激发出客户的购买欲望，采取购买行动。

销售员每天与客户打交道，说话当然很重要，怎样把话说到点子上，有时候，一句话就能促成一笔买卖，一句话也可能让一笔生意泡汤，甚至让客户产生反感或抵触，从而成为老死不相往来的敌人。

作为一名销售员，话该怎样讲，怎样才能说好，怎样才能说服客户？角度至关重要。有时话不用多，只要说到点子上就能取得事半功倍的效果。

1. 给自己的产品说好话

俗语说“王婆卖瓜，自卖自夸”，其实这是对自己产品的一种重要宣传。当然首先要了解每件产品的特性，包括产品的配方、保质期、价格、功能以及和同类产品之间存在的差异点和共同点等。只有这样，你在客户面前宣传产品才有话说，否则，没有话说，又怎能把话说到点子上呢？但是，宣传产品切忌夸大其词，胡吹乱侃。

2. 要为顾客说好话

聪明的销售员总会换位思考，即多站在顾客角度上思考问题、为他们说话，从他们的利益出发。在推介产品的时候，坚持实事求是的原则，不夸大功能和特性，既要分析产品的优点，又要分析可能存在的不足或在使用过程中应注意的问题。只有这样，才能真正赢得客户的信赖，最终促成生意。

3. 要为自己说好话

在介绍产品的过程中，要通过产品为自己说好话。一旦因产品质量存在问题，遭遇客户投诉，那生意做下去可就困难了。因此，说任何话都不要太满，要留有余地。即使一些相当成熟的产品，在不同的时间、不同的环境、使用过程中的不当，都有可能存在风险，建议先小范围试验，再大范围使用是最保险的方法。

可见，话不说不明，理不辩不清，在实际销售过程中，如何说服客户，关键在能把话说到点子上，这是做成一单生意的关键所在。

巧用激将法说服客户

激将法，就是利用别人的自尊心和逆反心理积极的一面，以“刺激”的方式，激起不服输情绪，将其潜能发挥出来，从而得到不同寻常的说服效果。

在销售过程中，销售员往往容易遇到一些客户，虽然有产品需要，但是犹豫不定，拿不定主意，等等。面对这些客户，要想获得订单，促使他们下决心签单，销售员也可以利用他们的好胜心、自尊心，采用激将法说服他们做出购买决定。

销售员采用激将法以“逼迫”客户，这是说服客户的一种有效技巧，是高明的销售员常用的手段之一。

但是，激将法在使用时要看清楚对象、环境及条件，不能滥用。同时，运用时要巧妙暗示客户可能丧失某种或某些利益，坚定客户的购买信息。同时销售员要显得平静、自然，以免客户看出在“激”他。否则，不但达不到销售目的，而且还会引起客户的反对，造成误会。

在购买产品的过程中，客户往往容易产生较强的好胜心理。激将法就是针对他们的这种好胜心理对症下药，使得他们因好胜而不再过于理智。

有一对颇有名望的香港夫妇去大商场选购首饰，他们对一只9万美元

的翡翠戒指非常感兴趣，但因为价格昂贵而犹豫不决。

正在这时，在一旁察言观色了很久的销售人员走了过来，她向两位客人介绍说，东南亚某国总统夫人来店时也曾看过这只戒指，而且十分喜欢，爱不释手，但是由于价格太高没有买走。

经销售人员当众一激，这对香港夫妇立即买下了这只翡翠戒指，因为他们要显示自己比总统夫人更有实力。

很显然，该售货员就是利用了客户的好胜心理，巧妙地激将了他们一回，使得他们很快下决心购买了该产品。

在销售过程中，还有的客户对产品的各方面都基本满意，而且资金上也能支付得起，就是不知什么原因，使他们总觉得往后是否会出什么问题而举棋不定，迟迟不敢做出签单的决定。面对这种客户，销售人员也可以采用激将法促使他们尽快下决心购买。

有一位女士拿着一双皮鞋站在柜台前反复问售货员一些无关紧要的问题。很明显，她是喜欢这款新式皮鞋的，但又因为价格太贵，犹豫不决。

售货员看透了这位女士的心理，说："如果这双鞋的价格不能令您满意，您是否愿意再看看别的款式？当然，这款皮鞋叫谁看着价格也有点高，但它就高在款式新上，这就是它的附加值。再说了，名剑配高手，好物配佳人，您如果买一双旧款鞋穿，说不定会有人认为您眼光浅，水准低。您说是吧？"

就这一句话，"激"得那位女士喜笑颜开地买下了那双款式新颖、价格昂贵的皮鞋。

还有一种情况是，销售员抓住人人都有爱面子的心理，巧用激将法，尤其是抓准男性客户在公众场合爱面子的心理，采用激将法，往往会达到出其不意的效果。

一位先生陪自己的太太逛超市时，跟着他的太太到了服装专卖的柜台。

销售人员看到一男一女前来看服装，便笑盈盈地前来招呼他们："这位大姐，您要什么？"

"随便看看。"太太一边挑选衣服，一边回答说。

"这是我们刚到的货……这一款是今年非常流行的……"销售人员在介绍产品时，发现那位太太好像没有什么兴趣，便转过来对那位先生说："这位先生，您需要什么？"

先生很直接地回答："陪老婆一起逛街的。"

"真羡慕你们两人。您太太长得漂亮，有气质，再加上您给他做参谋买衣服，她一定能够买到合适的衣服，穿上那套衣服一定很诱人的……"销售人员一边与先生攀谈，一边不时扫一眼挑衣服的那位太太。

突然，那位太太在一件衣服面前停顿了一会儿。销售人员马上停止了攀谈，上前取下衣服，说："您真有眼光，这一款比较适合您这样有气质、身材好的女士穿。这样吧，先穿着试一试。"

那位太太没有反对。销售人员便让人引导太太去试衣服去了。经过试穿衣服，那位太太发现衣服实在是太适合她了，便产生了购买的意向。

但是，那位太太询问了价格后，觉得太贵，对买还是不买犹豫不决。

此时销售人员就转过身来对先生说："您太太喜欢那套衣服，是吧？可是，您太太面对自己喜欢的东西却犹豫不决，您作为丈夫应该帮她拿主意，是吧？"

那位先生说："买不买还是她做决定吧！"

此时，销售人员就对那位先生说："原来先生是'妻管严'啊，一切行动听指挥，不错、不错。不过，我好像听说男子汉不是唯唯诺诺的，看到自己心爱的女人喜欢什么，就毫不犹豫地去争取满足她……"

那位先生听到销售人员这么一说，心里觉得很不是滋味："不就是几十块钱的价格差异吗？在这里磨磨蹭蹭的。要买就赶快买走，不买就不买，免得被人看不起……”

于是，那位先生就问太太觉得衣服怎么样。他太太没有回答他。于是，那位先生就说：“买了，不在乎那几十块钱的差价。”

销售人员很快让客户签下了单子，到收银台去交钱。

销售是一篇永远做不完的大文章，是一门永远学不完、研究不透的大学问，用“常做常新，越学越深”来比喻一点也不过分。在商品销售过程中，如果“激将法”用得好，销售效果真是妙不可言。

采用激将法，巧在不贬低顾客，不羞辱顾客的前提下“激”起他们的购买或消费行为，实现有效营销的目的。假如换作另外一种方式，贬低对方，羞辱顾客，取得的营销结果恐怕就不那么好了。

激将法是销售员说服客户，促成订单的一种技巧。在学习和掌握这种技巧时，销售员还需要注意以下几个问题：

1. 使用激将法要看准对象

激将法并不适用于任何人。一般说来，它多适用于那些谈判经验不太丰富，且容易感情用事的或者装腔作势的人和不可一世的人身上。至于那些办事稳重、富于理智的经验老成者，激将法就很难在他们的身上发挥作用。而对于那些谨小慎微、自卑感强、性格内向的人，也不适用激将法。

2. 要把准客户的心理

在销售过程中，销售人员要采用激将法，首先要把准客户的心理。只有客户具有较强的自尊心、虚荣心和好胜心，才可能有效地激将客户。否则，将很难起到激将的效果。

3. 不要伤害客户的自尊

采用激将法“逼迫”客户签单，但是必须以不伤害客户的自尊为前提。否则，会导致客户不再愿意与销售人员交易，甚至还会因“自尊问题”惹出其他问题。

4. 言辞要有讲究

并不是用什么语言都可以激发起对方的情感的。锋芒太露、太刻薄，容易形成对抗心理；而语言无力，不痛不痒，则又难以让对方的情感产生波动。因此，在使用激将法时，一定要注意言辞的“度”，既防止“过”，又避免不及。

5. 要注意态度自然

在销售过程中，要用激将法促成订单，销售人员一定要注意态度和表情自然。否则，就容易让客户看出来是在“激”他，从而产生逆反心理，最终导致无法成交。

6. 配合其他方法

在使用激将法说服客户时，可以适当地给客户戴顶高帽子，就能非常容易地博得客户的好感，这时候再趁机进行说服，就有可能达到说服的目的。

消除客户异议，轻松说服客户

有位保险培训大师说过，“客户拒绝我们是正常的，客户顺利签单则是我们的福气，从事保险营销就是在经历正常的事情并享受这份福气。调整心态、端正态度，认识客户异议，学会处理方法，把客户异议当成客户认同公司、认同产品、认同营销员的开始，当成客户即将签单的转折点，就会在保险营销中多一份自信、多一份成绩。”

客户异议是销售中最常见的现象。客户的异议总是让人感到不愉快，但销售员应该理解异议是不可避免的。合理地解决异议不仅是争取客户并同其建立良好关系的绝佳机会，而且还能创造新的销售机会。所以，学会如何更好地解决客户的异议对销售员来说非常重要。

面对客户的异议时，销售人员要了解客户产生异议的原因。面对客户的异议，销售人员应该进行分析，了解异议产生的源头，然后寻找解决方案。

客户异议的产生大都来源于产品，例如，对产品价格、产品质量等。这时，销售员不妨多问几个为什么，了解客户异议的根源在哪里，进而提出更好的解决方案。在日常销售中曾遇见过的拒绝和异议并不代表客户对产品和服务不感兴趣，不愿意购买公司的产品。异议的功能在于表明客户还存在着顾虑和问题没有解决，不代表客户不愿意接受公司的产品。客户提出异议是一种完全正常的行为，因为客户在选择产品时要面临风险，为了追求利益最大化，必须关注有关产品的各种问题，只有顾虑和疑问消除后才能决策；反之，如果客户没有任何异议，这反而是一种不正常的行为。

因此，遇到客户各种各样的异议，销售员应及时、有效地处理好，这是销售人员应掌握的基本技能，因为它将会影响到客户和销售人员的直接利益。因此，对客户的异议，销售员要正确面对，巧妙排除。如果无法消除异议，势必导致销售的失败。

妥善处理客户异议不是一件容易的事情。但是，聪明的销售员不仅能够消除客户的异议，还能将异议转化为满意，把本来怀有异议的客户变成座上客。适当地处理异议，还可以促成下一次的销售机会。

一对中年夫妇走进一家瓷砖店，导购马上迎了上去。

导购：二位好！欢迎光临。本店有多款新进瓷砖，希望你们能喜欢。

男主人：那你帮我推荐一款产品看看。

导购：请问您家住几楼？

男主人：三楼。

导购：我感觉三楼应该光线不是很好，这款产品铺地面比较合适。

男主人：花色是不是有点太花啦？

导购：现在我们的砖是放在板架上的，看起来觉得有点花，但如果铺在地上就不花了，相反，铺在面积大的房间里效果还会更好。

男主人：这砖打几折呢？

导购：我们这款砖针对你们小区全场打七折，折价后是170元，而且这绝对是最低价了。

男主人不再讲话，有点犹豫，显然认为价格高了。

导购：这砖您要是放在客厅、卧室，整体铺出来会比较豪华，上档次。

男主人还是没说什么，从他的眼神里可以看出他比较喜欢这款瓷砖，但碍于面子不想谈价格。这时，他的夫人也仔细看了这款砖，很喜欢，但也认为太贵。

导购：你们真是心有灵犀啊，一致对花色非常满意。事实上，要做出这样的花纹效果，布料工艺就要多三次，成本增加了，价格就上去了。不过，高出的这点钱和您的房价以及您想要达到的效果相比，真的有点微不足道了。而且，我们提供免费送货、补货，如果您用不完，单片砖我们都退，只要您打一个电话。

最后，还是男主人说了句："算了，定了吧。"

在这个案例当中，客户提了两个问题：产品花色和价格。这两个问题往往也是终端导购经常遇到且相对棘手的问题。面对客户对产品提出的异议，导购最终消除了客户心中的异议，说服了客户。例如，对于产品花色的异议，导购利用光线会对于人对事物的感知起着关键作用而巧妙化解了；对于产品价格"贵了"的异议，导购却成功地解释了产品的价格，不是产品本身的价格，而是产品 + 复杂工艺 + 送货 + 补货等价格，这样客户就认为"物有所值"了。

在销售过程中，客户提出异议是经常遇到的事情，实际上客户的异议，正是他们渴望了解产品，有异议的客户才是有购买意向的客户，我们每回答客户的一个异议，就等于我们离成功更近了一步。所以，不害怕客户提出异议，怕的是客户不提出异议。

值得一提的是，销售员首先应该明确一个观念，就是客户产生的异议并非是销售失败的信号，相反，通过异议信息的获取，销售人员能够获得更多的信息，借此销售员可以判断客户是否真的有需要，进而修正推销战术。

面对客户的异议，每一个销售员都有自己独特的消除异议的方法，不同的方法适用于不同的客户、产品和场合。作为一名优秀的销售员，只有了解并掌握多种多样的消除异议的方法，才能在处理客户异议的过程中取胜，使销售工作顺利地进入下一个阶段。要处理好客户的异议，应注意以下几个问题：

1. 态度真诚、注意倾听

客户提出异议时，要注意认真倾听，辨别异议的真伪，并发现客户真正的疑虑所在。对客户异议中的不合理之处，不要马上予以反驳，可以进行正确的引导，使他们逐渐接受正确的观点和建议。

2. 谨慎回答，保持沉着

对客户要以诚相待，措辞要恰当、和缓，说话要留有余地，不能信口开河，随意给客户无法实现的承诺。

3. 尊重客户，巧妙应对

无论什么时候，都不可轻视或忽视客户提出的异议，也不可赤裸裸予以反驳，否则客户会成为天然的反对派。特别是对客户知识上的匮乏和欠缺，不可直接指出，要避免伤害客户的自尊心。

4. 准备撤退，保留后路

并非所有异议都可轻易解决，如果遇到实在无法解决的情况，应给自己留下后路，以待在以后能有新的合作。

第六章　心理掌控术：

真正了解客户的心，才能留住他们的人

"抓不住客户，留不住客户"是大多数销售员常常感到头疼的问题，这关键的原因就在于销售员对客户缺乏掌控力。销售员如果不懂得如何掌控客户，就犹如在茫茫的黑夜里行走，永远只能误打误撞。销售员只有掌控住了客户，客户才会认可你，对你的依赖程度才会越高，这样你在销售中才会始终处于主动地位，进而立于不败之地。

揣摩客户心理，捕捉购买信号

在销售活动中，成交的时机是非常难以把握的，太早了容易引起客户的反感，造成签约失败；太晚了，客户已经失去了购买欲望，之前所有的努力全部付诸东流。在多数情况下，客户不会主动表示购买。但如果他们有了购买欲望，通常会不自觉地流露出购买意图，而且是通过其语言或行为表现出来。这表明其可能采取购买行动的信息，就是客户的购买信号。

购买信号的表现形式是复杂多样的，一般可把它分为表情信号、语言信号和行为信号。购买信号一旦出现，就要及时抓住机会，促进成交。

表情信号是顾客的心理在面部表情中的反映。眼睛注视、嘴角微翘或点头赞许都与客户心理感受有关，均可以视为成交信号，客户的一举一动，都在表明客户的想法。如目光对商品的关注或分散，面带微笑、表情严肃等均是判断成交时机的重要依据。

语言信号是顾客在言语中所流露出来的意向。如赞赏商品的性能、质量，故意压价，挑剔产品的款式，具体询问有关交货的时间、地点及售后服务等，这都是成交的前兆。当客户有购买打算时，从其语言中可以得到判定。例如，当客户说："你们有现货吗？"这就是一种有意表现出来的真正感兴趣的迹象，这表明成交的时机已到。

行为信号是指顾客在举止行为上所表露出来的购买意向。如不断用手触摸商品并不住点头，拍拍推销员的手臂或肩膀，做出身体自然放松的姿势等均是有意成交的表现。比如，客户忽然变换一种坐姿，下意识地举起茶杯，下意识地摆弄钢笔，眼睛盯着说明书或样品，身体靠近销售员等。我们销售员要善于捕捉客户的动作变化，因为这是客户购买心态变化的不自觉外露。

饭不能等馊了再吃，汤不能等凉了再喝。一个聪明的销售员能够在客户的一举一动中捕捉到其是否有购买意愿的信号。如发现客户有购买倾向，就应当立即索要订单。一旦客户的热情冷却，成交就难啦！

小罗是某汽车配件生产公司的销售员。前不久，公司研发出了一种新型的汽车配件，较过去的产品有很多性能上的优势，价格也不算高。小罗立刻联系了几个新客户，他们都产生了浓厚的兴趣。

其中一家汽车生产厂家的采购部黄经理表现得十分热情，反复地向小罗咨询有关情况。小罗详细、耐心地解答，黄经理频频点头。双方聊了两个多小时，十分愉快，但当时小罗并没有向黄经理索要订单。他想，黄经理对产品的了解尚不透彻，应该多接触几次再下单。

几天之后，小罗再次和黄经理联系，补充了上次遗漏的一些优点。黄经理很是高兴，就价格问题和小罗仔细商谈了一番，并表示一定会购买。这之后，黄经理多次与小罗联络，显得非常有诚意。

为了进一步巩固客户的好感，小罗一次又一次地与对方接触，并逐步与黄经理的主要负责人建立起了良好的关系。他想："这笔单子十拿九稳了。"

但一个星期后，黄经理的热情却莫名其妙地慢慢降低了。再后来，对方还发现了他们产品中的几个小问题。如此拖了近一个月后，这笔到手的单子就这样丢掉了。

小罗为什么失败？是缺乏毅力，沟通不当，还是新产品缺乏竞争力？都不是。关键在于小罗没有弄清客户的心理，没有把握好成交的时机。

很多销售人员之所以得不到订单，并非不努力，而是因为他们对客户的成交心理把握不够，从上面范例来看，当黄经理咨询了价格后就已表示有购买的心理了，而小罗并没有及时下订单，结果失去了成交的大好时机。

揣摩客户的心理固然重要，捕捉客户的购买信号也同样重要。当客户遇到需要和最感兴趣的产品时，客户就会表现出极大的热情。我们要洞察客户的这一反应，在客户最想买的时候索要订单。一旦错过了这一时机，客户的热情就会下降，成交就变得困难重重。

林小姐是一家化妆品公司的销售员，该公司的产品在市场上已经有一定的客户群。一天，林小姐在一家咖啡馆约见了一位通过朋友引见的客户。寒暄几句后，客户问道："我是过敏性皮肤，你们的产品我适用吗？"于是林小姐开始介绍产品特点，磨破了嘴皮，想要把产品的好处说尽，根本不给客户反馈和反驳的机会。出于礼貌，对方只能频频点头。半小时过去了，客户有些不耐烦了，不时地看着表说："你们有现货吗？"但林小姐还在不停地介绍产品。又过了10分钟，她终于按捺不住，决定起身离开。林小姐最终没有成交。

不难看出，"你们有现货吗"就是一个成交的信号，而林小姐竟然没有觉察到客户已经有购买意向，还在自我不停地介绍产品。本是朋友引荐的，只需简单介绍产品即可，林小姐过于啰唆，反而丢了此单，实在可惜。

所以，当你认为买家已经准备成交了，那就全力推动吧！当客户发出成交信号时，请立即停止对产品的介绍，索要订单。

有时候，虽然客户对你的产品表现出了巨大的兴趣，并且可以接受价格，你还是必须主动提出来才行。客户总难免犹豫不决，这时就需要一个推动力。

销售人员要通过试探，让他尽快成交。

1. 提供给客户多种方案

若客户还在犹豫中，就向客户提供两种或多种选择方案，促使他从多种方案中决定一种，把客户的思维重点引向数量、质量、材料或其他什么的选择，而不是买与不买的抉择。

2. 直接提示客户

如果客户已对产品产生良好印象，销售人员可以直接提示客户，或提出一个诱导性的问题，让客户做出有利成交的回答。比如：

"胡女士，这款橱柜款式很亮丽，假如你现在下订单，国庆节前我们就可以帮您安装好，准为您的家居添色不少。请问您的厨房铺了瓷砖吗？"

3. 采用时过境迁法

提示客户，不抓紧时机，就会失去良好的机会和利益。例如：

"章先生，这一款式手机目前属于国庆特价促销，过两天就要恢复原价。你最好今天能把它订下来，能省上百元呢！"

4. 充分运用微笑的力量

微笑是销售人员应掌握的一种最基本的技巧。人们从眼神、话语中流露出来的真情，只有在微笑中才更容易彼此产生好感。俗语说：伸手不打笑脸人。你自始至终地微笑，顾客很难把你拒之于千里之外，毕竟大多数人于心不忍。

开动脑筋，用创意的点子拿下客户

在现代社会，各行各业都需要有创新的意识，用有创意的好点子去开发新的产品。销售行业更是如此，有创意的销售方法让你比竞争对方更容易拿下客户，达成交易。

在产品面临恶性竞争时，换一种销售方式，往往能给客户不一样的感觉。而这种感觉只要能让客户感到开心，就能激发起他们的购买欲望，最后决定购买，使销路原本不怎么看好的产品出现一派热销的景象。因此，对于一个想在业绩上有所突破的销售员来说，要想改变目前的销售处境，不妨在销售方式上多动一点脑子，让你的销售方式新颖独特起来，也许不久你就会发现，你的销售势头已经柳暗花明。

销售员在向客户推销产品时，必须有超出常人之处，这样才能出奇制胜。因此，销售员应抛弃那些陈旧的推销策略。销售员最可贵的就是赚钱的创意。现代的市场，是最需要创意的市场。这种创意往往来自于“换个方式”思考问题的结果。

下面就来看看两个案例，瞧一瞧商家是如何通过创意的点子拿下客户的？

案例 1

在日本东京有一家银座绅士西装店。这家西装店的老板首创“打一折”营销策略，曾经轰动了东京。

具体的营销策略是这样的：先定出打折销售的时间，第一天打九折，第二天打八折，第三天、第四天打七折，第五天、第六天打六折，第七天、第八天打五折，第九天、第十天打四折，第十一天、第十二天打三折，第十三天、第十四天打二折，最后两天打一折。

店家宣传海报一贴出后，立即引起一片哗然。但是，第一天前来的客人并不多，如果前来也只是看看，一会儿就走了。从第三天就开始一批一批的光临，第五天打六折时，客人就像洪水般涌来开始抢购，以后就连日客人爆满，当然等不到打一折，商品就全部被卖完了。

当然，顾客可以在这打折销售期间随意选定购物的日子，如果你想要以最便宜的价钱购买，那么你在最后的那两天去买就行了，但是，你想买的东西不一定会留到最后那两天。因此，顾客纷纷急于购买到自己喜爱的商品，就会引起抢购的连锁反应。

那么，店家赔本了没有？当然没有，店家运用独特的创意，把自己的商品在打五六折时就已经全部推销出去。“打一折”的只是一种心理战术而已，商家怎能亏本呢？

案例 2

在日本，还有一个叫松本清的商人，曾当过松户市的市长，他不仅是一名政客，还是一个头脑灵活的生意人。

当年，松本清经营一家药局，他曾将当时售价 200 元的膏药，以 80 元卖出。由于 80 元的价格实在太便宜了，所以药局连日生意兴隆，门庭若市。由于他不顾赔血本的销售膏药，所以虽然这种膏药的销售量越来越大，但赤字却免不了越来越高。

松本清在做赔本的买卖吗？当然不是。那么，他这样做的秘密在哪里呢？

原来，前来购买膏药的人，几乎都会顺便买些其他药品，这当然是有利可图的。靠着其他药品的利润，不但弥补了膏药的亏损，同时也使整个药局的经营出现了前所未有的盈余。

这种“明亏暗赚”的营销创意，以降低一种商品的价格，而促销其他商品，不仅吸引了顾客，而且大大提高了知名度，有名有利，真是一举两得的营销创意。

在销售过程中，同一种产品，不同的卖法给客户的感觉是不一样的。销售员的最终目的是把产品销售出去。在同行竞争激烈，销售手法雷同，向客户提供的服务和优惠又大同小异的情况下，一个销售员要想吸引更多的客户，提高自己的业绩，必须想办法采用一些新的、有创意的让客户容易接受的销售手法，激起客户的好奇心和购买欲。一旦客户对你的销售方式产生了好奇，并对你的产品产生了购买欲，你将会比同行获得更多的商机。

如今，销售行业竞争激烈，许多销售员苦口婆心去跟客户推广产品，每天早上起得比鸡还早，睡得比狗还晚，一个月下来，没有什么业绩，而且很累。很多销售人员甚至无奈被行业淘汰。

为什么会出现这样的现象呢？因为，销售的最高境界是拿下客户，你没有好的点子去让客户购买你的产品，你的销售业绩又怎能提高呢？每个人只用了大脑的 5% 不到的空间，还有 95% 以上的潜能没有激发出来，我们开动脑筋，思考有创意的点子，怎么打动客户的心，来接受我们，接受我们的产品和服务。

销售竞争日益激烈时，如何在产品质量未改变、服务质量相当的情况下迅速卖掉产品，提高自己的销售业绩，对销售人员来说是一大考验，更是一大挑战。在日常生活中，许多常用的销售方法只要稍微改变一下，就能变成比较新颖的销售方法。而这些新颖的销售方法一旦吸引了客户的眼球，激起了他们的购买欲望，往往能够提高销售量，提升自己的业绩。

因此，一个立志要在销售领域里有所作为的销售员，一定要想办法在销售方式的创新方面多下功夫，多动脑子，用自己新颖独特的销售方式去吸引顾客的眼球，让他们产生购买的欲望，并付诸行动。

少说多听，从潜移默化中去影响客户

人人长一张嘴巴，两只耳朵，就是要“少说多听”。“少说多听”貌似简单，但做起来却不容易。

在销售的过程中，特别是在商业谈判中，不过早表明我们自己的态度是很重要的，我们得首先摸清对方的情况。如果我们自己谈得太多了，我们就会在无意之中泄露自己的态度。

在谈判中，只要你能让对手尽情地说个不停，你就成功了一半。

许多成功的销售员，他们的诀窍就是鼓励客户多说，同时设法闭住自己的嘴。如果你认真听客户说，你就能把握住客户的秘密。同样，如果你不想让客户知道自己的真实想法，那么最好守口如瓶。

一些销售人员之所以业绩不好，往往是因为他们忽视了倾听的礼仪。这些销售人员总是说得太多，听得太少，结果客户感受不到他们的尊重，自然也就不会对他们产生好感。而生活中我们会发现，那些顶尖的销售高手，往往也是倾听的高手。

有一家电信公司，曾经碰到一个难缠的客户，这位客户不满意电信公司的服务质量，拒付话费，甚至对相关工作人员破口大骂。他还写信给报社、消费者协会投诉，到处说电信公司的坏话。电信公司老板不想被这个麻烦事缠着，就派人去和那位客户交涉，希望对方不要继续闹下去。

电信公司派去了一个思维敏捷、口才很好的谈判专家。谈判专家摆事实、讲道理，把对方说得愧疚难当、无言以对，可是，那位客户闹得更加厉害，又来电信公司发泄内心的不满和愤怒。

无奈之下，电信公司又派去了另外一个谈判专家。这个谈判专家区别与第一个谈判专家有一个特点——善于倾听客户的意见。

当这位谈判专家见到那位客户时，那位客户似乎火更大了，怒斥电信工作人员服务质量太差和数落电信公司的不是，然而这位谈判专家并没有据理力争，而是静静地听着，同时用“是”“嗯”等词作简单的回应，对客户的遭遇表示同情，让他尽量把不满发泄出来。就这样，那位客户唠叨了将近 1 个小时，这位谈判专家也倾听了 1 个小时。

自从第一次登门拜访之后，这位谈判专家还登过两次门，继续听那位客户发泄不满。当谈判专家第四次上门拜访时，那位客户对他以礼相待，表示不会继续追究下去了，而且将撤销向有关部门的投诉。

倾听是一种典型的攻心战略，一个不懂得倾听，只是滔滔不绝、夸夸其谈的销售员不仅无法得知有关顾客的各种信息，还会引起顾客的反感，最终导致销售失败。

作为一名成功的销售员，首先必须是个高明的听众。你认真倾听客户的谈话，客户会认为你很尊重他，这样在无形之中就能提高客户的自尊心，加深彼此的感情，为销售成功创造和谐融洽的环境和气氛。

在日常销售过程中，销售员一定要学会神情专注地、耐心地听客户讲话，不要轻易打断客户的话头，或心不在焉，不要只顾自己滔滔不绝地讲，应给客户说话的机会。这同样也是尊重客户的表现。古希腊著名哲学家苏格拉底的故事或许更能加深我们对这一问题的认识。

有一个年轻人，去向大哲学家苏格拉底请教演讲术。他为了表示自己口才好，滔滔不绝地讲了许多话。末了，苏格拉底要他缴纳双倍的学费。那年轻人惊诧地问道："为什么要我加倍呢？"苏格拉底说："因为我得教你两样功课，一是怎样闭嘴，另外才是怎样演讲。"

所以，与客户交谈时，一定要注意倾听。认真倾听客户的话，对我们只有好处，没有坏处，多听少说的奥妙就在这里。

那么，作为销售员我们应该怎样倾听呢？

1. 集中注意力

一般来讲，正常的人最多只能记住自己当场听到的东西的六七成，如果不专心，记住的就更少。因此，倾听客户讲话一定要全神贯注，努力排除环境及自身因素的干扰。

2. 注意客户说话方式

客户的措辞、表达方式、语气、语调，都传递了某种信息，认真予以注意，可以发现客户一言一语后面隐藏的需要，真正理解客户传递的全部信息。

3. 朝着客户倾斜你的身体

这种身体的语言，在暗示客户，自己对他的讲话很感兴趣，会给客户留下一个比较好的印象。

4. 学会忍耐

对于难以理解的话，不能避而不听，尤其是当客户说出你不愿意听，甚至触怒自己的话时，只要客户未表示说完，都应倾听下去，尽量让客户把话讲完，不要轻易打断或插话，也不要反对、反驳客户。

如果确实需要插话或打断客户谈话时，应先征得客户的同意，用商量的口气说一声："请等一等，让我插一句""请允许我打断一下"或"我提个问题好吗？"这样，可以转移话题又不失礼貌。

5. 要虚心

为了表明你对客户所谈内容的关心、理解和重视，可以适时发问，提出一两个客户擅长而自己又不熟悉的问题，请求客户更清晰地说明或解答，这样做往往会令客户受到鼓励。但向客户请教不能避实就虚，强人所难，客户不愿回答的问题不要追问。

6. 与客户互相配合

当客户说到幽默时，你应报以笑声，增添乐趣；当客户说到紧张时，你应屏住呼吸，强化气氛；当客户讲到精彩时，你应掌声相迎。与客户互相配合，这样客户才有兴趣继续讲下去。

打赢讨价还价心理拉锯战，让客户心甘情愿掏腰包

从集贸市场几毛钱的小菜生意到工商企业间上百万甚至上亿的巨额交易，买卖双方总难免为成交价格纠缠不休……讨价还价，市场上似乎无处不在、无时不有。

销售员通过销售前的准备，寻找客户，到拜访客户就进入了实质性的销售阶段，这个阶段所涉及的最关键问题就是价格。许多销售员由于不会讨价还价，要么丢掉了订单，要么单虽然做成了，却已经没有了利润，只好自己安慰自己，权当交了朋友。

因此，客户的讨价还价成了销售员的一大心理障碍。作为一个优秀的销售员，怎样让客户心甘情愿自掏腰包，并且自己还有利润可赚呢?

面对客户的讨价还价，我们可以在“不亏老本、不失市场、不丢客户”这一原则下灵活掌握，只要不让客户讨还出一个“放血价”“跳楼价”，害得自已“大甩卖”就行了。另外，还要说明一点：经过一番激烈讨还，价格只要“敲定”，非得立即签订协议将其“套牢”，不给对方一丝的反悔和变卦的机会。

对于销售员来说，议价的语言艺术，就意味着说服顾客认识到商品价值、接受商品价格的语言表达技巧。议价的过程中，体现了销售员的智慧和娴熟地驾驭语言的技能。

说服顾客接受商品的价格，必须要以理服人，以利益诱人，使顾客转变对商品价格的看法。根据顾客产生价格异议的不同原因可以分别采取不同的说服方式：

1. 当顾客抱怨商品“太贵”时

这时销售者用价格分解的方法说服顾客。可将商品价格与使用寿命结合，从而缩小每次使用商品的费用。

例如：

“这只吹风机五十元，可它最少能用十年，若是您每周用一次的话，平均每次吹发刚用一毛钱，一毛钱连乘一次车都不够，可它却能让你又舒适又漂亮。”

2. 当顾客与其他商店所卖的同类商品作比较时

在这种情况下，销售员应大力宣扬在此处购物的种种好处，让顾客多花钱也是心甘情愿的。

例如：

“我们商店库存量大，可以随时提供给顾客现货，但这就占压资金，它会增加库存费，我们商店售出的彩电，在一个月内你觉得不满意，可以保您退换，我们这儿可以让您买到最满意、最放心的彩电。您的一生能买几回彩电呢？”

顾客尽管多花五十元钱，但仍然满意地将彩电买走。销售员用其他商店不具备的优点，如购买的便利、安全保障、优质服务等方面，将价高的影响抵消，让顾客多花钱也心甘情愿。在这种情况下，销售员所推销的不仅是商品本身，而是与商品有关的一切。

3. 当顾客与同类商品的替代品比较价格时

这时，销售员应设法让顾客看到不同类商品间差别，并要证明这种差别的后果是不同的，从而使顾客将价格放在商品用途利益之后考虑。

例如：

“这种复印机虽然比那种价格要高近一倍，但它的开关可是感应式的，不再是按钮开头也就不容易损坏失灵啦，这个部位又是最爱出毛病的，如果经常出故障，一次修理费就得上百元，外加误工造成的损失，每天不下三百元，一次耽误您两天就等于让你损失六百元，十次就损失六千元。您看买台虽价格便宜但总爱坏的合算，还是买台价格虽高点但不耽误你工作的复印机合算呢？”

经过这样比较不同商品之间的差别，使顾客接受商品优质优价的观念，即使价高也是值得的。

再比如：

一位顾客翻看一本书，爱不释手，拿起来又放下，引起售货员的注意，于是售货员说：“这本书很有趣，还不到十元钱，您从中能学到不少知识和经验，对您以后的学习工作都有帮助，再说，书还不同于其他东西，看完了就再也不能用了，您读过以后，还可以留给孩子再读，这可是无形的财富啊！”

顾客欣悦地接受了售货员的建议。可见这种价格和利益的鲜明对比深深打动了顾客的心。

4. 当顾客抱怨的商品与更贵的同类商品比较时

在这种情况下，销售员不仅表明所买商品的好处，而且还指出其利益的相似处，这样让顾客觉得少花钱而得到更贵商品同等的功用。

例如：

“这种仿毛料的价格还不到毛料的一半，但穿起来一样漂亮，而且洗后不用熨烫，照样挺括。”

销售员与顾客议价时，首先自己不要对价格表现出敏感的态度，而应该坦然地与顾客谈论商品的价格，特别是当顾客对价格发出“太贵”的抱怨时，更应该克制感情，反复地强调商品的优点、价格，使顾客将商品的价值与价格放在一起考虑，从而接受商品的价格。

其次，销售员必须注意把握还价的时机，不能过早地谈论价格问题，必须在顾客提出价格异议以后，方可与顾客探讨商品的价格。

总之，讨价还价是推销介绍商品的重要组成部分，销售员既要把握住还价的原则，又善于运用灵活的表达形式来说服顾客，从而达到预定的目的。

客户的讨价还价，是销售员永远的一种痛。要想有效地规避这种痛楚，可以尝试着从以下几个方面来努力：

1. 先发制人，定死“价格”

在业务洽谈之前，销售员可以把产品价格“定死”，堵住客户讨价还价之口，使之想还价却不能还价，收到一种先发制人的效果。这样，轻松地避免了与客户讨价还价的一场口舌之战。但是，这样做必须有一个前提，那就是产品本身过硬，很时兴，很走俏，销势很好，不会因为价格高低而直接影响到顾客的最终购买。否则，会拒客户于千里之外。

2. 审时度势，巧妙报价

要想有效地规避客户的讨价还价，巧妙地报价十分关键。销售员应分清客户类型，有针对性报价和讲究报价方式以及因时因地因人报价的技巧。

3. 突出产品优势，物超所值

与客户的讨价还价，其实是一种说服的艺术。因此，销售员在谈判时重点突出产品以及与产品销售相关的所有优势，让顾客由衷地产生一种“仅此一家，别无分店”“花这种钱值得”的感觉，否则，结果将是说而不服。

4. 巧问妙答，细心判断

顾客讨价还价，有的是真心想买，有的是“刺探虚实”等。因此，销售员应明察秋毫，留意顾客所提的每个要求，抓住要害，加以分析，快速地作出判断，明确顾客询价问价以及讨价还价的真正目的。

给客户讲故事，用故事感动客户

如今，产品越来越丰富，同质化越来越严重，销售工作越来越难做。因此，销售员必须适应新形势、新变化，探索出一套行之有效的销售方法。

在众多的销售成交方法里，用讲故事的方式来感动客户，特别是对于那些因何原因而迟迟不下订单拿捏不准的客户。讲故事是测试客户购买意向的重要法宝，讲故事不但能够巧妙地把我们的观点和建议传达给客户，而且还能够引起客户的共鸣，选择合适的时机讲故事是销售人员的必修课。

讲故事是销售员需要具备的基本技能，由于故事的隐喻特点常常会引起客户的共鸣，既能够巧妙地表达出销售员内心的真实想法，又能够给客户留足面子，不至于伤害到客户的感情，所以销售高手都喜欢用讲故事的方式去处理与客户沟通中的难题。

但是，销售员给客户讲故事需要注意以下几个要点：

1. 所讲的故事可以是自己切身经历的，可以是同事客户的案列，也可以是自己临场现编的，但必须合乎逻辑、有真实感。

2. 可以加上特定的时间、地点、人物，增加故事的说服力。

3. 讲的过程中不要过于流利，最好带上一些思考和回忆的动作。

4. 讲故事要贴近现实，让客户感同身受，先拉近你们的距离，再介绍你的产品，客户就能更好地接受。

在玉器专柜前，一位销售员正在向一位女客户推销手镯。这时，销售员注意到女客户手腕佩戴的是一块和田玉手镯。

“夫人，您现在佩戴的这块手镯也很好看哦，很经典的。不过看款式，应该是比较早一点的吧。”

“对。我妈妈送给我的。戴了几十年了，很有感情。那时候，手镯是很贵重的礼品。”

“那您今天想买一块什么样的手镯呢？”

“过几天是我妈妈六十大寿的日子，我想选一个特别的生日礼物送给她。”

通过聆听客户讲述自己的故事，销售员立即对客户的故事做出了回应：“呀，您母亲六十大寿了，真是可喜可贺。我们有专门针对老年人开发的系列产品。上次也有位客户在此购买这款手镯作为祝寿大礼，深得老人家欢心。请到这边来看一下。”

在产品越来越同质化，客户购买越来越理性化的今天，讲故事成为销售员最重要的销售手段。讲故事的目的是什么？当然是希望引起客户的共鸣，最终产生购买行为。讲故事是以销售结果为导向的，那么销售员在讲故事的过程中就需要去除各种与销售场景无关的故事背景和细节，一个高效的销售故事越简单越好，只要短短的几句话，甚至几个词就能够形成一个故事，引起客户的共鸣，从而实现了销售的大幅增长。

销售精英与普通销售员之间的一个显著差异是讲故事能力的差异，销售精英通常都是讲故事的高手，那么销售员如何讲好销售故事？

1. 主题要让客户听得懂

想要讲好故事首先得确定故事的主题是什么。一个好的故事，主题应该是一目了然，很容易让人理解的。而且采取以提问的形式开始讲故事时，就更加能够抓住客户的注意力，让客户跟着你进入故事情境。

2. 内容要能够制造冲突

如果你的销售故事是以平铺直叙的方式跟客户讲，显然无法引起客户的兴趣，所以好的销售故事需要能够制造冲突。在制造冲突的时候，通常有两种故事类型可以讲：一种是讲恐怖故事；一种是讲美好故事。讲恐怖故事时告诉客户，由于某位客户用低价买了糟糕的产品后，遭遇了惨痛的一些经历，让客户开始担心低价的后遗症；讲美好故事时告诉客户，由于有位客户提高了预算，买到了更好的产品后，生活品质发生了天翻地覆的改变。

3. 要能够给客户创造画面感

给客户创造画面感，是讲好销售故事打动客户的核心技能。销售故事就是在给客户创造画面感，引导客户进行感官的体验。当然这种体验可能是真实的产品体验，也可能是引导客户进入情境“想象”。著名的营销专家说“我们不是卖牛排，我们卖的是牛排的吱吱响”。从这句话中，我们有没有感受到画面感，牛排的吱吱响是一种听觉的刺激，但是我们却可以有视觉的联想，有味觉的联想，甚至还有嗅觉的联想，这就是创造画面感的好处。

在移动互联网越来越发达的今天，客户的时间变得越来越碎片化，为了节省时间，我们都会自己了解产品信息，如果一名销售人员还在喋喋不休地跟客户讲产品卖点，客户会扭头就走。此时，只有讲故事才不至于让你那么尴尬，只有讲故事才能让客户更加有兴趣地听你讲下去。

掌握说话主动权，让客户听你的

一个出色的销售员，他在向客户推销商品时，总是能让客户跟着他的思路走，从而成功地将商品推销出去，而那些不能掌握这项技能的销售员，业绩往往不尽如人意。由此可见，掌握说话主动权的重要性。与客户沟通时，只有掌握说话主动权后，你才会更容易达到交谈的目的，否则，就可能会被客户牵着鼻子走。

钱先生是一个从事家教图书销售公司的推销员。

钱先生公司在超市设有一个专柜，专门销售家教类图书。一天上午，一位夫人推着购物车从专柜旁路过。

钱先生一边微笑，一边打招呼："太太，上午好！您的孩子都上学了吗？"

太太："是的。"

钱先生："他们上几年级啦？"

太太："大的上五年级，小的二年级。"

钱先生露出惊讶的表情说："哦，太太，真没想到，您的孩子都那么大了，而您看上去还是那么的年轻！"

接着，钱先生又说："您这么聪明漂亮，我想您家的孩子也一定是这样的。"

太太笑了笑，显然钱先生的话让她很受用，她说："是的，他们非常聪明，谢谢您的夸奖。"

钱先生："我想，他们那么聪明，一定非常喜欢看书。"

太太又笑了，说："是的，他们在家经常看书。"

钱先生："我就知道有您这样美丽智慧的妈妈，他们不喜欢看书都难，目前我们公司刚出版了适合小学生看的一套图文版的新书，我想他们肯定会喜欢。"

太太看了看，付款买下了一套新书。钱先生就这样把他的图书成功地推销出去了。

从上面案例中，我们可以看出，钱先生不仅掌握了很好的推销艺术，而且还在谈话过程中很好地控制了话题，使得自己始终处于交流的主动地位。

相反，如果钱先生对一位太太说："太太，我们的图书质量非常好，装帧也非常精美，您看有没有您需要的图书？"对于这样的推销员，客户一般会回答他"不需要"。很显然，这样的推销员是不成功的。

在推销中，如果想要在谈话中占据主动，那么你就应该想方设法引导客户，而不是被客户引导。开始时，你可以通过巧妙提问或者选择客户感兴趣的话题，让谈话慢慢地往你期待的方向发展，掌握说话的主动权，把你的思想准确无误地传达给客户。

控制说话的主动权，不让谈话失去方向，这样才能达到自己想要的效果。你要记住，能否说服客户的关键就在于能否在谈话中掌握主动权。

所谓主动权就是在交谈中要学会没话找话的本领。所谓"找话"就是"找话题"，找交谈的切入点。找到了一个好话题，就能使谈话顺利地进行下去，使双方的谈话更加融洽自如。

好话题，主要是指双方对话题比较熟悉、感兴趣并且还能展开探讨。那么，怎样去挖掘一个好的话题呢？

1. 找大家感兴趣的事件

当你与客户谈话时，要选择大家都感兴趣的事件为话题，激发客户交谈的欲望。因为这类话题是客户想谈、爱谈又能谈的。人人都有话，都能发表自己的观点和看法，自然能使话题进行下去，以至引起客户的议论和发言，进而产生共鸣。

2. 就地取材引出话题

巧妙地借用彼时、彼地、彼人的某些材料为题，借此引发交谈。有的销售员善于借助客户的姓名、籍贯、年龄、服饰等，即兴引出话题，常常能取得好的效果。但要求销售员思维敏捷，能迅速做出由此及彼的联想。

3. 试探询问

与客户首次交谈，可以先提一些“投石”式的问题，在对客户的年龄、职业、性格、兴趣等略有了解后再进行有目的的深入交谈，便能谈得更为自如。就好像“投石问路”一样，找到可继续谈下去的话题。

4. 由兴趣引入话题

试探出客户的兴趣，由兴趣起始，能顺利引发出话题。如对方喜欢看电影，便以此为话题，谈电影的优劣，讨论故事的情节等。如果你也喜欢看电影，那你们就找到了共同的兴趣，可顺利进入话题；如果平常不怎么看电影，那也正是个学习机会，可静心倾听，适时提问，借此大开眼界。

5. 巧找媒介

寻找自己与客户之间的媒介物，以此找出共同语言，缩短双方的距离。如见客户正在看报纸，可从报纸上的一条新闻切入，与客户就这一话题展开讨论。对客户的一切表现出浓厚的兴趣，通过媒介引发客户表露自我，交谈也就能顺利进行。

抓住客户的心，造势攻心为上计

孙子兵法曰："激水之疾，至于漂石者，势也。"湍急的流水，飞快地奔流，以至能冲走巨石，这就是势的力量。企业在市场竞争的商战中，只有占有优势，才可先声夺人。

"造势"，在近年来已经变成社会中一个相当流行的字眼。所谓"造势"，在公共关系领域中，就是举办活动或制造事件，再通过大众传播媒介的报道，引起社会大众或特定对象的注意和响应，来造成"利己"的声势，以达到"广"而"告"之，"销"而"售"的效果。在销售过程中，抓住客户的心是必不可少的一种策略，而在攻心中以造势攻心为上计。

销售工作是夺取客户人心，得到客户赞同和支持的工作，古代有"要举事先造势"的传统。

刘邦起义前，乃一介平民，无权无势，又没有财力做后盾，他若起事，必须有一种强大的号召力，动员起广大民众的支持。那么怎么能鼓动和号召人来支持他呢？于是刘邦就精心策划了斩白蛇事件来造势。

话说公元前212年，刘邦带着他的10多个手下逃亡期间，由于安全需要，要派个探子（刘邦安排的托）去探路。探子回来报告说，一条巨大白蛇挡住了前面的逃路。探子说，不可行，我们就回去吧？

刘邦大怒，说："男子汉独行天地，有什么好怕的！"说完带着这帮小兄弟来到前面有蛇的地方，发现是条小蛇，拔出三尺青铜宝剑，将挡道小白蛇斩为两段。然后带领同伴们继续前进。

刘邦已走了一段路，累了，就地休息，休息的时候，后面追来一个老太太在这里大哭。刘邦的人（安排的托）问："老太太你哭什么？"

老太太说："儿子被杀，怎么不哭？"

刘邦的人继续问："为什么被杀？"

老太太说："她的儿子本是天上神仙白帝的儿子，化成一条蛇，在此挡道，如今被天上赤帝的儿子斩杀。"

众人以为老太太在造谣惑众，威胁说要打她，老太太却忽然消失不见。

刘邦的小兄弟追上刘邦，将此事告诉他。这个托由此宣传刘邦是天帝之子下凡，乃真龙天子，而其他不明真相的追随众人听了此事之后，也更是对刘邦敬畏有加，甚至崇拜起来，于是四面八方的人来投奔刘邦共举大事。

这就是"刘邦斩蛇起义"的故事。要成事，先造势。古代的人都知道，我们想做成一件事情，实现先制造点声势出来衬托自己是天命所归，事情必成。这样追随者，支持的人，会更有信心，义无反顾地一条路走到黑。

同样，做销售也一样，懂得造势。做销售吸引客户的竞争，谁的套路多，谁能最快地吸引眼球，吸引客户，谁就将会胜出。

下面给大家分享两个案例，你就会明白。

美国有一家电影策划公司，专门帮那些即将上映的电影宣传造势，但是这家不打广告，而是把电影的某些情节在现实中上演！比如在《行尸走肉》这个恐怖电影上映之前，在街头找来十几个临时演员，进行化装，化装成（僵）尸的模样在美国最繁华的街头突然出现。吓坏了不知所以然的当地群众，有人以为真的（僵）尸到现实生活中了，有的人直接报警了，还有更多的人用手机拍摄下来上传到网上。

这个事件迅速在美国炸开了锅。原来是因为某一个电影即将上演，提前预热。剧组没有花一分钱宣传，但是这部电影已经火了。人们都迫不及待想看看电影，结果票房大涨。

这个案例就是造势，而且效果特别好。肯定可以吸引大批观众的眼球。再给大家分享一个案例。

XO 白兰是法国轩尼诗公司生产的白酒品牌，它在打开中国大陆市场的方法值得我们学习。中国有历史悠久的酒文化，中国名酒厂家林立，中国喜欢喝酒的人也很多，但是对洋酒却鲜为人尝。法国轩尼诗公司认为中国酒品种多、产量大，引进点白兰地并不会对中国名酒厂家造成威胁，还能起到调剂酒类市场的作用，于是以公关活动为方式大造声势。

1991 年 6 月，轩尼诗公司装有 5 箱白兰地的四桅白帆船历经 8 个月的海上航行，到达上海客运码头。在上海，他们请了中国传统的舞狮和鼓乐队开道，并在码头和五星级花园饭店举行了爵士乐队和时装模特献技的宣传活动，为此花费了 1 200 万美元。从此，这种昂贵的酒敲开了中国酒市场的大门，并进一步摆在了遍及各城市酒家的酒柜上。

在推销过程中，很少有产品一上市就能畅销，都需要花一番心血，有时甚至需要创造需求气氛，才能使之成为畅销的产品。

推销是一门高深的学问，销售员既要有说服消费者来买的本领，还要同时制造一种气氛让消费者主动来买。这就需要销售员去造势，开展促销活动，让更多的人去了解、认知，甚至直接产生行动——购买产品，自然要让更多的人知道并参与这个活动，才能达到宣传的目的。要达到这一目的，就得造势。

造势就是给产品促销带来轰动性，借助各种形式来吸引消费者的注意力，让尽量多的人了解产品。应该注重以下几个方面：

1. 活动造势最重要的是营造环境，让消费者感受到活动的气息，从而参与到活动中来。

2. 注重活动场景的布置，让宣传无处不在。在产品展示方面应该做最好的产品展示和最大化的产品展示，让产品形成堆山，形成畅销的气势。

3. 在促销技巧上应该下功夫，做到与众不同的促销妙方，吸引消费者。所有参与活动的工作人员形象应该透视出活动产品所宣扬的主题。

4. 借助于外界的“势”也是必不可少的，如节日的欢庆，商场的大促销活动等，都有利于活动造势，有利于达到活动预期效果。

5. 促销活动光有“势”还不行，还得在促销内容上进行改变。促销内容一定要新颖，让人一见就想参与到其中的感觉，促销主题突出，促销诉求真实可行。

第七章　心理博弈术：

善用心理学的“诡计”

销售就是一场心理博弈战。一位销售员要想成功地卖出产品，必须读懂客户内心和了解客户需求。如今，顾客已经变得越来越聪明。一个成功的销售员往往不是因为他聪明，而是因为他精通销售心理学。

开价高于实价，给自己预留谈判空间

亨利·基辛格曾经说过：“谈判桌上的结果取决于你的要求夸大了多少。”意思是说，你向对方开的价一定要高于你实际想要的价。也许你会想，“对方也不是傻子，如果我要多了，对方一定能看出来”。即使对方知道要的价格过高，而这一策略还是非常有用的。

在销售谈判中，如果顾客让你开价，你不妨开出一个较高的价位，这可以给下面的谈判预留许多空间。这点非常重要，并因此为后面的谈判定下不错的基调。当然，为了让对方知道你是诚意交易的，你所开的价码，也不能高得离谱。

很多人认为，谈判时最好让对方先开价，这样就可以摸清对方的底牌，进而掌握更多的信息。殊不知，让对方先开价，无异于让对方掌握主动权，因为这个价格会成为谈判中的锚定点，不管你怎么调整，都很难摆脱它的影响。

事实上，你不仅要争取先开价，而且要开价狠一点。只有这样，你才能为自己赢得更大的谈判空间。

如果你索要的价格远远超过你的最大可信价，那就意味着有某些伸缩性。如果你的开价让买家无法接受，而且你的态度是“要买就买，不买走人”，谈判甚至无法开始。买家的态度可能是“那我们没什么好谈的了”。但是，如果不怕谈崩的话，你索性就提出一个对方无法接受的价格。

当你这样想的时候，你就要特别记住上面的原则。因为即使你的想法是对的，这一策略仍不失为高明的谈判策略。想想为什么开价要高于你想得到的实价。

如果你确信买家不想做这笔买卖，那你就是给他一个实价又有何意义呢？如果你知道要价比买主支付的价格高，那你为什么还要开那么高的价呢？你明明知道买家心里清楚他们永远不会出那么高的价钱，而你为什么还要让买家按你的上限掏钱呢？为什么你推测他们愿意买你的额外担保服务，即使你知道他们过去没有先例？如果想想这些，或许你就能想出一大堆理由来说明你为什么要开高价了。

开价要高于实价，看起来至少有以下几大好处：

1. 留下了一定的谈判空间

在销售谈判中，一旦你出价了。降价是情理之中的事，但如果你想再提价，几乎是不太可能发现的奇迹，除非有特别充分的理由。而顾客肯定希望能以最低的成本买到你的产品。所以，如果你的开价超过你的预期售价，那就意味着这里面具有了某些伸缩性。这样一来，顾客就可以与你就价格进行谈判。

2. 也许以开价成交

销售的过程情况是复杂而多变的。在某种情况下，只要能言之成理，即使是看似对方难以接受的开价，有时也能有望成交。你不知道哪天可能就会出现奇迹。或许幸运之神眷顾你，看你那么辛苦，让他达成交易也有可能。

3. 让你的产品看起来具有更高的外在价值

当你给顾客看价目单的时候，你在给他传递你产品的潜在价值。以阿司匹林为例，名牌的和连锁店里的普通品牌没有什么不同。但是如果你的产品卖 200 元，普通品牌卖 100 元，顾客肯定会选价格低的。而如果你的产品只卖 125 元，顾客或许就犹豫不决了。顾客知道两种阿司匹林相同，但现在仅差 25 元，这似乎是笔好交易。这仅仅是因为在你意识里你能接受好的产品可能配得上更高的价格。如果大的药品公司可以给人一种他们的阿司匹林更好的感觉，那么你也能给人一种你的产品更好的感觉。其中最直接的方法是亮出更高的价格。

4. 让顾客心理获得满足感的一种方式

如果顾客在购买商品时，因为他已经探知了较合理的价格，并以砍掉部分水分的合理价位成交的话，心理上会有一种获利的心理满足感。但如果你一下子就给了顾客最优惠的价格，顾客就没有什么要和你谈的了，也不会有较大的心理成就感。

没有经验的销售员总是一开始就给出最优惠的价格，想早点成交。一个销售人员这样对他的经理说：“今天我要带着这份协议出去。我知道竞争很激烈。他们正在全城招标。咱们销售折扣降低一点吧，不然我们的产品销路可能成问题了。”对于那些销售谈判高手来说，他们知道要价高的价值。这是创造一种让买家和自己双赢的良好途径。虽然有些顾客会觉察到商家要价有点偏高，但却并不以为然，一些聪明的顾客清楚作为最初的要价高于实价是再正常不过的事。在销售谈判中，最常见的结果是，双方商议了一种折中的结果，这样的结果，是预留了空间从而让顾客和自己都满意。

由此看来，开价高于实价的好处确实非常明显。在某种情况下，只要言之成理，即使是较高的开价也会有望成功。销售中，销售员要果敢地提出适当的开价，为销售谈判开始时的立场找到言之成理的理由，以达到良好的销售效果。

先抑后扬，事先向客户渲染“最坏的情况”

北京王府井大街有一家照相馆，经常接到一些旧照片的翻拍和放大业务，而这些旧照片一般都有皱褶、褪色，甚至模糊不清等各种缺陷，每当接待这些客户的时候，照相馆老板总是先和客户说明：“您的照片拍了很多年了，已经褪色、模糊太厉害了，处理起来比较麻烦，翻拍和冲扩的效果肯定会受到影响，不过我们尽力让您满意。”

但等客户来取照片时，往往是眼前一亮，陈旧的黑白照片经过精心处理，几乎和新照片一样，颜色搭配均匀，画面干净清晰。客户自然会对照相馆的翻拍技术十分满意，并且还会主动向其他人推荐。时间一长，翻拍和扩大旧照片成为这家小照相馆的招牌，很多客户慕名而来，生意越来越红火。

现在电脑技术十分发达，旧照片可以用专业电脑软件来轻松修复，照相馆老板从事摄影多年，对这点应当十分清楚，但他为何还要事先向客户说明“可能会影响效果”呢？其中涉及了客户满意度和期望值的问题。

上面案例的这种先贬后褒，先否定后肯定，降低客户的期望值的方式最容易给人好感，在销售心理学上，被称为欲扬先抑定律。将这一定律运用于和客户博弈中，事先向客户渲染产品的“最坏情况”，当客户看到真正的产品时，便会觉得情况没有想象的那么糟糕。这样一来，对产品的好感度将大幅提升。可见，心理的确是很奇妙的东西。人的心理总是期望得越高，失望也就越大。如果事先有最坏的打算，得到的意外惊喜程度就会加倍增高。

无论在生活中还是销售中，欲扬先抑定律都能给我们以启示。

对销售人员来说，欲扬先抑定律主要可应用在如下三个方面：

1. 介绍产品

任何产品都不是十全十美的，产品的缺陷迟早会被客户察觉，与其让他们发现后感到失望和气愤，还不如一开始就告知。因此，销售人员可以事先向客户渲染产品可能出现的最坏情况，当客户看到产品的缺陷时，便会觉得“似乎没那么严重，这也无所谓”，从而忽略这种缺陷。

有一个房产经纪人，无论多难卖的房子他都能卖掉。许多同事都很好奇问他是怎么做到的。他向大家讲述了其中的奥秘。原来，他在销售之前，先彻底了解客户的需求，掌握客户最重视哪些方面，然后在带客户看房的时候故意指出一些无关痛痒的缺陷。

有一次，一位客户想要买一套靠近地铁站的房子，他手上正好有这么一套。但是在看房之前，他对客户说：“这套房子有个缺点，客厅很小，不过户型非常好，我们先去看一下吧！”

客户到达房子之后，发现虽然客厅有点小，但远不像经纪人说的那样“很小”，三口之家住着正好，而且步行到地铁站只需要三分钟。客户最终买下了房子。

2. 商谈价格

我们在购买商品时，常常听到销售人员说“真的不能再低了，再低就亏本了”“我跟主管请示了一下，好不容易给您要了个九折的优惠”……在与客户讨价还价的过程中，我们也可以借鉴这种方法，先告诉客户“这是新上市的产品，从来都没有折扣”，降低客户对降价空间的期望值，然后再小幅度地给予让步。

3. 评价客户

有的客户对自己即将购买的商品信心不足，就会向销售人员询问。

张女士由于上半年生过孩子，体形恢复得不算理想。一次恰巧在商场里看到一件自己喜欢的衣服，但是试过之后感觉有一些小，但是又勉强可以穿。张女士不得已向销售人员小刘请求专业建议。销售人员小刘觉得如果张女士能把体重顺利降下来，的确是件合适的衣服。于是小刘说：“其实目前这件衣服不太适合您，现在穿在您身上确实有些紧绷的感觉。不过如果能降下 15 斤左右，这件苗条的衣服一定能配上您的身材。”

最后张女士买下了衣服。闲谈中，张女士说：“刚才在附近也看了几件衣服，无论我试什么样的衣服，他们的销售员都说我试穿的衣服正合适。这不是睁着眼说瞎话吗？”

总之，先否定后肯定比较容易给人好感。在销售过程中，同样如此。如果你只知道夸夸其谈地讲述自己产品的优点，当客户知道产品没有他期待的那么好时，必然会对你极度失望，而你也将失去一个客户。相反，销售人员可事先向他说明“最坏情况”，降低客户的心理期望，再展现较好的现实状况，当他看到产品超乎他的想象时，就会觉得物有所值，进而会放心地购买你的产品，同时也达到了提高客户满意度的目的。

瑕不掩瑜，大胆暴露自己产品的缺陷

世界上没有一样商品是完美的，总在某方面存有欠缺，在营销中抓住商品特点，恰如其分地自揭其短，往往起到意想不到的效果。

在我国古代，相传有一家酒店门口贴出招贴，上写：“本店以信誉担保，出售的完全是陈年好酒，绝不掺水。”另一家酒店的门口也贴出招贴：“敝店素来崇尚诚实，出售的一概是掺水10%的陈年老酒，如不愿意掺水者，请预先声明，但饮后醉倒概与本店无涉。”让我们看看结果如何？前者说过了头，失去了顾客的信任；后者自认酒中掺水，又风趣地肯定掺水的必要，让顾客愿意上钩，酒店生意格外兴隆。

金无足赤，人无完人。任何事物都不是绝对的，都有其正反两个方面。同是给产品做广告，一个从正面予以赞美，一个既讲明优点也讲明缺点。二者相比，后者反而更能打动顾客的心。

心理学上有一个著名的“出丑效应”，又叫“仰巴脚效应”，是指全无缺点、近乎完美的人并不一定能够得到大家的认可，而那些整体表现完美，却又有些小瑕疵的人反而更容易获得大家的欢迎。

人们虽然向往完美，但是在潜意识中对完美又有一种排斥。一方面，完美与现实生活的距离过大，让人觉得很不真实；另一方面，人的潜意识或多或少都认为：承认完美是一种自我贬低，而自我贬低与人实现自我价值的本质需求是相违背的。所以，人在心理上对“完美”有一种既向往又排斥的矛盾。你的客户当然也不例外。下面就是一个因为适当出丑而获得了客户的好感，实现了交易的事例。看后，应该能给大家一些启发。

于南是一名优秀的销售员，是一家白酒厂的销售冠军。在一次表彰会上，他总结自己成功的原因就是“会出丑”。同事们听后都感觉他是在开玩笑。哪个销售人员不希望自己在客户面前的形象是完美的，以博得客户的好感呢？况且，他每天去见客户时，都会在镜子跟前照上大半天：练习微笑、审视姿势、检查服饰……这明显是怕自己出丑嘛，哪里是“会出丑”。

可是，于南却一再强调自己不是在开玩笑。他说，注重形象跟适时地出丑并不矛盾。作为销售人员，完美的形象自然能够吸引客户的目光，赢得客户的好感，但是同时也可能会让那些目光只肯“远观”，让那些好感不敢“亲近”。他说他得出这样的结论源于他的一次销售经历。

那一次，于南去拜访一位客户，在那位客户面前，于南西装革履，风度翩翩，侃侃而谈，但是无论他说什么做什么，都感觉跟客户之间的距离拉得很远。直到他起身准备离开，因为没有留意台阶失足跌倒的那一刻，情况改变了。那位客户赶紧上前扶了他一把。看到他因为尴尬而突然脸红了一下，那位客户拍拍他的肩说：“没什么的，我也常常在某个时候出丑。先坐下休息一下吧，你可以再继续介绍一下你们的产品。”

于南明显感觉自己“出丑”以后，客户在沟通方面反而表现得积极主动了，两人间的距离顿时缩短了很多。对于这次的经历，于南觉得自己是“因祸得福”。从此，他再同客户洽谈时，再也不把自己塑造成完美无缺的“神”了，而是在保持基本形象的前提下，适时地出一些无伤大雅的小

“丑”，每每这时，客户都会变得积极主动起来。

表现得非常完美的人，往往会让人们对其产生距离感。不免有人会认为这样的人与“人无完人”的说法相悖，或者觉得这样的人在故意遮盖自身的缺点，不够真诚。

这就像我们去超市里买东西，如果促销员一味地给我们推荐某个商品，把商品说得如何如何的好，但往往越是这样，我们越会感觉厌烦，以至于感觉这个人善于浮夸，不值得信任。

由此可见，作为销售人员，我们每一个人都希望变得更加完美，努力让自己变得更加优秀，这固然可以赢得客户的认可。但事实证明，过度追求完美的人，往往会给人难以接触的感觉，未必能够赢得客户的好感。与其这样，不如在销售中，试着让自己的形象更真实一些，在客户面前有分寸地自曝一点不招人讨厌的小缺点，用小缺点衬托出自己的大优点，在微小的方面偶尔“出出丑”也无伤大雅，才会赢得别人的尊重和欢迎，能给客户一种亲近的感觉，从而瞬间拉近你与客户之间的距离。

在某市的家纺一条街上，有一家店的家纺产品卖得特别好。其实相对于花色和质量以及价格来说，这家店和其他家的没有太大的差别。但这家店的营业员善于运用“自曝缺点”的营销策略。

有一次，一位老太太在店里看中了一个质量和款式都非常漂亮的全棉枕套。营业员说：“这种面料是全棉的，枕起来非常舒服，但枕套面料容易褪色，使用前最好先用洗衣粉洗一下。”老太太听后心头一惊，不免犹豫了起来，但转念一想，颜色好不好无所谓，更重要的是要舒服、实惠，回去洗去浮色烫平后再用也无妨，最后还是买下了。

老太太回家用洗衣粉洗涤时，却惊喜地发现枕套只少许褪色，并没有想象中的化成一盆“颜料”。于是反而对这个自曝缺点的家纺店多了一层好感，最后就成了这一家纺店的回头客。

其实，自曝一些小的缺点不是一件傻事，有时候它反而可以赢得更多的信赖。就像在如今竞争激烈的市场上，一般商家都是使尽十八般武艺把自己的东西说得天花乱坠，但效果却不尽如人意。顾客已听惯了营业员介绍商品的“好”，也习惯于回家使用时发现“根本不是这回事”，但这一商家用了自曝缺点的策略，就像是突然跑出来的一匹“黑马”，不仅让顾客觉得新鲜、可信，还平添了一份朋友般的接近，使顾客乐于接受这家销售的商品。

理智型的顾客明白，任何产品都是不可能没有缺点的，你讲出来，他会觉得很正常。他还会觉得其他产品的缺点不过是销售员不告诉他罢了。如果那个缺点不是什么大缺点，无关紧要，而对方又比较懂，那么只会对你的销售有利。

王婆卖瓜，自卖自夸。可你是否知道，也有卖瓜说瓜苦的，日本的美津浓公司就是这样。

在日本，“美津浓”已成为体育用品的代名词。由于它的诚实，因而使企业久盛不衰。美津浓公司销售的每件运动衣口袋里，都附有一张纸条，上面印着：这种运动衣在日本是用最优秀的染料，用最优秀的技术染色。但我们仍觉遗憾的是茶色的染色还没有达到完全不褪色的程度，还是会稍稍褪色的。

把商品的优缺点毫不隐瞒地告诉消费者，在全世界是少见的。这种不欺骗人的诚实做法赢得顾客的信赖，使这家公司的产品畅销不衰。据粗略估计，在日本各种运动场所，至少一半以上的人穿的是美津浓公司生产的运动服装。

“自曝家丑”的思维策略看来也是一种高明的市场营销方法。在铺天盖地的产品广告都在大肆宣扬产品优点的时候，有些聪明的运营商却反其道而行，自曝缺点，反而赢得了顾客对企业和产品的信赖，使企业扩大了产品销路，大幅度地提高了效益。

然而自我揭短的好处并不是所有的企业、商家都能看到的。在一些企业中，不敢承认产品的缺点就像是一个企业不愿意承认自己的产品和服务会有哪些缺点。另一种就是顾客购买了产品或服务，使用过程中发现问题，企业不承认这个事实。与自曝缺点相比，到底哪一种方式才是自断后路呢？

表面上看来，“自我诋毁”，否定自己是自断后路。但事实上，否定自己给消费者的印象却是真诚的。所以，与自吹自擂相比，否定自己更能赢得顾客的青睐。

当然，这并不是说夸耀自己的产品就一定得不到顾客的青睐，如果真是这样的话，那为什么还会有那么多的企业热衷于做广告？事实上，广告传递的主要是商品信息，是沟通企业、经营者和消费者三者之间的桥梁，做广告的效果也是相当好的。

所以，不管你的产品是好的还是差的，也无论你怎样的自我虚夸和怎样的自我贬低，毕竟消费者的眼睛是雪亮的。只要真诚，即使是否定自己，也同样会赢得顾客的心，受到良好的评价，创造更大的利润。

永远不要泄露自己的底牌

俗话说，知己知彼，百战不殆。反过来想，如果销售员在未摸清别人家底的时候就先泄露了自己的底牌，那将是“逢战必败”。

1976年，李嘉诚获悉香港地铁公司为购得中区邮政总局旧址地皮，曾与香港政府磋商多次，希望部分用香港地铁公司的股票，部分以现金支付，但是港府坚持用现金购买。于是既精通经营之道、又精通金融之道的李嘉诚，再次利用出售楼宇和发行新股的方式，暗中集资数亿港元现金，以打有备之战。

不仅如此，李嘉诚还获悉香港地铁公司与政府达成有关九龙湾车厂及邮政总局旧址的批地协议，为了稳操胜券，李嘉诚还相继抛出了两个诱饵。其一是为了满足香港地铁公司急需现金的要求，长江实业主动提出提供现金做建筑费；其二是将商业大厦出售后的利益由地铁公司和长江实业公司分享，并且打破平时分红各五成的常规，由地铁公司占51%，长江实业占49%。

1977年1月14日，香港地铁公司正式宣布，中环邮政总局旧址公开接受招标竞投。素有“地产皇帝”之称的置地公司，一度盛传是夺标呼声最高的公司。消息传到长江实业，李嘉诚听后淡淡一笑，说：“传说总是传说，到底名花谁主现在尚无法定论。”在这次“地王”公开招标竞投活动中，香港铁路公司先后收到30个财团以及地产公司的投标申请。1977年4月5日，各家报纸以大标题报道：“长江击败置地，夺得旧邮政总局地段。”

从李嘉诚经商的历程中，我们可以看出，他对于任何计划都是处之泰然，让人根本无法看透他的想法，也就无法判断他的下一步行动。这样他就把自己放在“暗”处，更有利于伺机而动、出奇制胜。

在经营投资过程中，李嘉诚曾经遭遇过无数的竞争对手，而在竞争的最后一刻，他总能够用对方意料不到的底牌将其彻底击垮，从而稳操胜券。生意人和政治家不同，有钱的流行装平民，没钱的喜欢扮富豪。这种“易容术”对于谈生意有很大的帮助。富人饰穷人，有利于保护自己，以免锋芒毕露，树敌太多。穷人扮富人，有益于“壮大”自己，为其在谈判中增加胜利的筹码。

当你过早地亮出自己的底牌时，就不要再妄想着满载而归，对于销售而言更是如此。销售的过程既是心与心的斗争过程，也是钱与钱的交易过程。就像打牌的人永远不想让对方知道自己的底牌一样，销售中也绝对不能把自己的底牌掏出来给人看。

轻易在顾客面前亮出自己底牌的销售员，是愚蠢的。这样不但达不到目的，而且还容易使自己更加被动、更加不利。因此，不论面对怎样的顾客，我们都不要轻易亮出自己的全部“底牌”，要讲究策略，要有所保留。

经营房地产销售的孙先生，有一次承担了一项艰巨的工作，因为他要销售的那块土地紧邻一个木材加工厂，电动锯木的噪声很大。虽然这片土地开通火车，交通便利，而且噪声并没有到难以接受的地步。

孙先生想起有一位客户想买块土地，其价格标准和地理条件与这块地大体相同，而且这位客户以前也住在一家工厂附近，整天噪声不绝于耳。

于是，孙先生去拜访这位客户。

“这块土地处于交通便利地段，比附近的土地价格便宜多了。当然，之所以便宜自有它的原因，就是因为它紧邻一家木材工厂，噪声较大。如果您能容忍噪声，那么它的交通地理条件、价格标准均与您希望的非常相符，很适合您购买。”孙先生如实地对那块地作了介绍。

那位客户立刻摇头道：“那不太好，我已经饱受噪声之苦，想清静一下子。”

“其实，情况并不像你想的那样糟。”

“不行，我不会考虑这样的地方。”

案例中的孙先生在销售这块土地的时候，“很诚实”地把土地的优缺点通通告诉了他的顾客，虽然他提出了对于顾客购买后的好处，但依旧没有打动顾客的心，原因就是他较早地泄露了自己的底牌。

导购人员在确认顾客不反感某商品的缺陷时，应该委婉地表述，而不是直接泄露自己的秘密。不要过早向顾客和盘托出，否则就会让自己像皇帝的新装一样，在顾客面前一览无余。

常识告诉我们：对方知道得越少，对自己就越有利。因此，在了解顾客需求的同时，导购人员还有一个很重要的工作要做，那就是保守自己的某些秘密，不要让它过早地泄露，以免让对方知道自己的全部实力。

销售过程中的一个重要环节——商务谈判就是双方在打牌，看着自己的底牌，也要知道对方的牌，对方打出什么牌，就要有自己的应对方式。谈判的特征，就是互动。

盛景是一家家纺企业的销售部经理。因为自己的不谨慎，在一次非常重要的招商活动中，犯了一个错误，结果导致了自己在公司内部被通报批评，公司还专门为此事订立了一个关于如何为企业保密新条例。

原因是这样的，盛景的公司开始发展内销市场已经好几年了，公司周期性地举办招商会，寻找各地的代理商。盛景主要负责这方面的工作。因为领导层在经营方面发生了分歧，有一个股东退出企业经营，这导致了企业资金链的紧张，也就是说，这次招商活动的目标就是让企业获得现金，对于企业来说，这是非常重要的事情。

盛景和几个代理商的关系比较好，在招商会开会之前，几个人碰了一次头。席间，盛景喝多了，无意之中说出了自己在企业内的尴尬，出走的股东想带着他走，但是他想留下；股东出走导致企业资金链特别紧张，期待通过招商活动缓解危机。

盛景无意中的抱怨，却被一个代理商告诉了另外的经销伙伴。其中有一个代理商在招商会之前就开始串联其他商家，在招商会开始的时候集体不签单，和企业进行一轮谈判，以获得更好的价格条件和支持条件。这让企业整个销售部乱了阵脚，公司内部资金紧张的消息被泄露以后，公司只有接受城下之盟，这给企业带来了很大的损失。事后，公司开始追查，盛景主动向老板说明情况，结果总经理特别生气，批评盛景保密意识不强，引以为戒，全公司通报批评，接受罚款。这样就是为了员工能够长点记性，因为无意中的一句话就泄露了谈判的底牌，这会给企业造成不可挽回的损失。盛景自己也懊恼自己犯了这种低级错误，在以后的谈判过程中，尽力维护公司利益。

其实，合作双方都是有底线的，即使双方是战略伙伴关系，也不能够完全共享信息。因为合作毕竟还有一种博弈关系在里面。即使是最好的生意朋友，都需要保留信息。谈判双方就集中在如何分配已存在的优势和劣势、盈利和损失、任务和责任上。客户得到的越多，销售方得到得越少，双方正好相反。这容易导致一方认为自己是输家，另一方认为自己是赢家，或双方都认为自己是输家。无论哪一种交易，本质上都是一块大饼中间划一刀的事情。如果一方已经完全知道了对方的底牌，那很可能会导致不公平的交易。

销售员经常会遇到难以搞定的对手。他们对你的产品报价不置可否，只是强调和目前的供应商合作愉快，就在你即将放弃的前一秒钟，他们通常会问："你的最低价格是多少？"这时狐狸尾巴终于露出来了，这之前所有的铺垫就是为了这句话。

遇到这种情况怎么办？把底价报给他们？那是绝对不行的。他们听到最低报价会不会善罢甘休呢？当然不会。他们还会继续以不合作的态度相逼迫，因为他们在试图了解你的底牌。所以，无论怎样都要坚持，不要轻易泄露底牌，否则会造成很大的损失。

既然如此，那又该如何做呢？最好的回应，就是请他们提出一个合适的价格，反唇相讥刺探对方的底牌。当然对方对于自己的底牌也会守口如瓶，怎么办呢？尽管如此，还是要坚持不说，再重复一遍之前的话："还是你们出个更合适的价吧。"然后保持沉默，一个字也不说。尽管这个时刻非常难熬，但要记住：谁先开口就等于谁做出让步！

价格谈判，有时要欲擒故纵

在中国历史上，有个“七擒孟获”的故事，讲的是诸葛亮七次生擒孟获并一次次释放，最终感动了孟获。孟获感激诸葛亮七次不杀之恩，表示不再造反。从此，蜀国西南安定，诸葛亮才得以举兵北伐。

“欲擒故纵”在销售上同样有效。销售员在做生意时要有远大的眼光，要有大胆的思想，就要学会欲擒故纵。在现实销售中。也有这样欲擒故纵的销售案例。

> 第一次世界大战时期，有一位叫哈利的大富翁。他 15 岁时，在一个马戏团做工，主要工作是叫卖柠檬冰水。有一次他在马戏开始前，为每位观众都免费赠送了一包花生米。由于花生米是咸的，一些观众吃后开始口渴起来。就在这时，哈利提着爽口的柠檬冰水挨座叫卖，几乎所有拿过免费花生的观众都买了他的柠檬冰水。就这样，他的柠檬冰水全部卖完，且赚回了所投资花生米的本钱。

这则销售故事让我们想到了“欲擒故纵”的成语。欲擒故纵之所以能实现成交，就是因为它抓住了客户想要购买却由于一些原因而左右迟疑、疑虑重重这一心理。你如果想卖出去一种产品，切记万万不可操之过急，不妨采取迂回的策略。

在某新产品展览会上，某炊具公司的销售员小静正在介绍公司新推出的一种新款炊具。这时，有一对中年夫妇走近展台。这时，小静发现，似乎只有那位女士看得很仔细，男士则有意地走向另外一侧。

小静说："请您的丈夫也过来吧！我保证，他也会喜欢我们这款产品的。"

于是，这位女士"硬逼"着她的丈夫过来了。

看着这位女士十分喜欢的样子，小静决定亲自为他们做演示。小静用女士看中的那套炊具煮了一个鸡蛋，然后让他们尝尝。女士惊叹，与传统的方法相比，这种炊具煮出的鸡蛋味道很好。

这次实验给那位女客户留下了深刻的印象。小静看到这位女士有购买的意愿，于是趁热打铁企图说服他们购买。但是，这位男客户却一副毫无兴趣的样子，并表示反对，不同意购买。

"越是容易得到的东西，人们往往觉得它没有什么珍贵的，而得不到的才是好东西。"小静在长期的销售过程中，深知客户的这种心理。于是，小静将这套炊具重新放回原来的地方，并说："多谢你们让我做了这次演示，不过这是我为这次会展带来的样品，只限于做展示，并不出售。"

这时，那位女士立刻接着问："什么时候、在哪里可以买到产品？现在能预购吗？我确实有点喜欢那套炊具了。"

那位男士附和说："是啊。"

小静："两位，实在抱歉，我今天确实只带了样品，而且什么时候发货，我只有到公司核实以后才能告诉你们。不过，请你们放心，等发货时，我一定会记得告诉你们。"

女士："谁知道你会不会忘啊？"

小静：“不会的，我们这有个登记表，只要把你们的信息记录下来，预付 100 元订金，到时候我会通知您。”这位男士见机赶紧掏钱付了订金。

上述例子中的这位销售员就是抓住了女客户与男客户的心理差异，欲擒故纵。这个战术就是利用人们对自己感兴趣的事物不敢肯定，而又想寻求其清晰本质的心理。所以，在销售的过程中不要一味地急于求成，游说客户购买你的产品。这样一来，反而会增加客户的抵触情绪。你说好，客户偏偏认为不好；你说不贵，客户偏偏认为贵。这情形，我们自己何尝不是有过。比如，有时候你去超市购买商品，如果导购员过于热情，过于急切地要你买某种促销产品，你心里肯定会想：“是不是卖不出去的牌子呀？”结果可想而知，你宁愿自己挑选，也不愿听从对方所推荐的商品。

价格谈判中采用欲擒故纵的心理战术，就是要想促成和客户的交易，故意放慢速度或先冷淡对方片刻，然后再激起对方的兴趣，从而促成销售的方法。如果是跟上游的客户谈生意，比如在和客户商谈时，你可以说：“赵总，我觉得我们的合作项目没问题，这个钱到底出多少，我也不介意，但我现在手头上有两三个项目等着我考虑，等考虑好了以后，我再考虑咱们这个项目。”或者，“李经理，这样吧，你可以把方案拿回去跟公司领导商量一下，考虑一下这个价格是否能接受。反正没有利润的项目，我想我们不会做。”

销售员要有意先让对方看到交易所能给他带来的丰厚利润，让产品抓住对方的心，煽动对方渴望成交的心理。然后，我们再表现出自己对成交淡漠的态度，从而迫使对方为了达成协议而主动让步。

70 多岁的商人史先生正到银行贷一笔巨款。他找来会计小霍替他安排与银行代表魏先生在星期五下午 4 点见面。

见面时，史先生正巧知道魏先生的两大喜好——网球和音乐。于是，他谈到了自己已经参加北京某体育馆网球大赛第一回合的比赛，之后又说到要去看 APEC 纪念峰会的精彩文艺表演节目。

银行下班了。一向准时下班的魏先生开始紧张，他希望自己能今天就和史先生达成协议，这样下周一就可以呈报给上级看了。但是，史先生却很若无其事地等了一会儿，他站起来，说这次谈话很愉快，不过自己有事要走了。

两人走到电梯前，魏先生忍不住了，他问："史先生，您不是来谈抵押贷款的事吗？"史先生却表现得很疑惑，问身后的会计："小霍，你要我来，是来谈贷款的事吗？"此话一出好像整件事都是小霍弄出来的。

既然开了口，魏先生就得自己提贷款的条件，他想了一下："利率为6.18%。"当时，通常银行贷款的利率是 7%，这条件可以说好得不得了！

后来，史先生的儿子回忆道："那次的交易很成功，实在是因为我父亲把这个心不在焉的老头子角色演得太精彩了！"

使用欲擒故纵术，时机和适度很重要。我们不要一开始就向对方表现出志在必得的态度，而是要摆出客观事实，表现出"成交与否对我影响不大"的冷淡态度，这反而能使对方担心不能成交，从而激起对方想要成交的欲望，降低其谈判的价码。这种策略本质上是为了进攻，但却是制造守时来软化和麻痹对方。因此，在实施这一策略的前期，销售员需要精心布置，保持自己淡定随和的情绪，不露痕迹，将对方一步步诱入自己这一方的"陷阱"。

想要做到欲擒故纵，那么就必须学会演戏。也就是说，你虽然十分重视，但是却必须表现得毫不在乎，要让对手认为是否赢得这次的谈判对你来说并不重要。这样一来，对方就会被你迷惑，你就掌握了谈判的主动权，对方就会处于被动的位置。

在谈判之中，如果你无法接受对方的条件，而对方也不接受你的条件时，就可以采用欲擒故纵的手段，假装着离开，不继续谈下去了。你的这种做法带有威胁的意味，这样对方就有可能为了挽回局面而做出让步。

但是需要注意的是，欲擒故纵具有一定的风险。如果对方真的认为你无意合作，那么你的目的就会成为泡影。

摸清客户的底线，在博弈中占据优势

很多时候，对销售员来说，只有摸清客户的底线，才能在价格博弈中占据优势。没有底线的销售员是可怕的，但无法识别出客户心理底线的销售员是可悲的。所以，作为销售员应积极主动地去分析、探知、了解客户的心理底线，这将决定着你能否顺利地进行销售。

要知道，价格是最核心也是客户最关心的问题，但它往往是客户最后的底牌。如果销售员每次都与客户如此“直击主题”，那双方也就离谈崩不远了。

如何维持与客户的关系呢？简单来说，销售员只需做好一件事：花80%的时间和精力去摸清客户的底线。

在与客户谈判时，可以由两个销售员组合谈判，事前明确分工：一个扮白脸，演好人；一个扮黑脸，演坏人。这样，在与客户僵持的时候，白脸可以稳住客户，黑脸可以探出客户的底线，维护公司利益。

客户：“小王啊，谈判谈了这么久，其他条款都谈得差不多了，就是价格没有谈妥。这样吧，我也不想再拖下去了，你们再降8%，不行就拉倒。”

销售员A：“李总啊，谈了这么久，正说明我们双方的缘分。这次谈判我们已经做出了最大的让步。不信，你看看其他经销商的进货合同。”

销售员 B：“李总，你要求的价格真是太低了，我们实在难以接受。在贵地区，我们跟其他经销商谈的价格比这个价格要高得多。如果我们跟其他经销商做，利润会高很多。”

客户：“我承认要求的价格是有点低，可是我们是这个地区实力最大的经销商啊，这样吧，你们再降 5% 怎么样？”

在上面的销售谈判中，两个销售员巧妙地使用一些技巧。要通过恰当的语言，投石问路，探出了客户的想法和目的。同时也要讲究一定的方法，准确地表达自己的观点与见解，同时要想办法摸清客户的底线。

有一个商人，讲了他一次讨价还价的经历：

当我在印度尼西亚巴厘岛的时候，有一次去逛街，看上了一个木雕。

“多少钱？”我问。“两万卢比。”

“8 000！”我说。

“天哪！”小贩用手拍着前额，做出一副要晕倒的样子，然后看着我，“15 000。”“8 000。”我没有表情。“天哪！”他在原地打了一个转，又转向旁边的摊子，对着那摊子举起手里的木雕喊，“他出 8 000，天哪！”又对着我，“最低了，我卖你 13 000，结个缘，明天你带朋友来，好不好？”我笑着耸耸肩，转身走了，因为我口袋里只有 9 000，就算我出到 9 000，距离 13 000，还是差太远。我才走出去四五步，他在后面大声喊：“12 000，12 000 啦！”我继续走，走到别的摊子上看东西。他还在招手：“你来！你来！我们是朋友，对不对？我算你 10 000，半卖半送！”我继续走，走出了那摊贩聚集的地方。突然一个小孩儿跑来，拉着我，我好奇地跟他走，原来是那摊贩派来的，把我拉回那家店。

“好啦！我要休息了，就 8 000 啦！”

现在，每次我看到桌子上摆的这个木雕，就想起那个小贩。我常想，

我为什么能那么便宜地买到？因为我坚持了自己的底线。我也想，他为什么会卖？想到这里，我又不是那么得意了，因为8 000卢比，一定也在他的底线之上，说不定7 000他也卖了。

案例中的商人因为坚持了自己的底线，以自己满意的价格买到了木雕。这给销售员一个启示，那就一定要摸清客户的底线。那么，实际销售中，销售员应该怎么摸清客户的底线呢？

1. 可以编造老板意见的方法来抬高底价。比如客户想花150元买一个电源插座，而你要的是200元，你可以这样说："如果我能让老板降到175元，你能接受它吗？"拿老板做挡箭牌，并不是说你一定要以175元卖给他们，只是说如果客户觉得175元也可以，你就可以把你的商谈底价提高到175元，现在与你的要求只差25元，而不是50元了。

2. 可以通过提供一种质量较差的商品来判断客户的质量标准。"如果你只付150元，我给你看铜接点的插座可不可以？"用这种方法，你或许能让客户承认价格不是他们唯一的考虑，他们更应该关心质量问题。当然，你也可以推荐质量更好的产品给客户，以确定其愿意给出的最高价格。"我们还有更高性能的插座，但是每个250元。"只要客户对产品的性能感兴趣，他就会愿意花更多的钱。

这种办法可以消除客户的警惕，能让客户跟你说更多的真心话，要是他认为你在卖东西的话，他就不这么做了。你说："我喜欢跟你做买卖，但是这件产品不是我的，以后有机会咱们再合作吧。"你以这种方式消除了客户的武装，稍后你说："我很遗憾不能卖给你这个插座。但就咱们俩说，到底多少钱你会买？"他也许会说："我觉得150元是最低价格，但我想180元也是可以的。"

3. 给足客户面子。人除了尊严不可侵犯，人还要面子，尤其是男人更爱面子。销售人员在与客户沟通时一定要注意自己的言行，切不可有让客户"有失颜面"的举止。就算是与客户发生了意见上的冲突，也不能用不当的言辞进行人身攻击。没有谁能够做到在被销售人员痛骂一顿后仍然愿意购买他的产品。所以，一定要给足客户面子。

4. 迎合客户的心理价位。每一位客户在购物前，基本上心中都已经有了目标价位。如果产品的实际价格超出了预想值，客户一般会放弃购买。销售人员在与客户谈判时，一方面，要努力让客户相信产品物有所值；另一方面，要在保证既定的利润空间的前提下，尽量让产品的价格迎合客户能承受的心理价位。

由此可见，对于销售员来说，摸清客户的底线是一件多么重要的事情。客户成交的心理底线也是产品的成交线，掌握了这条成交线，成交便能轻松实现。

“以柔克刚”，应付客户挑战

有个成语叫“四两拨千斤”，讲的正是以柔克刚的道理，往往刚烈之人容易被柔和之人征服利用。还有一句人们非常喜欢的成语，上善若水，水的柔性是克刚的最好例子：水滴石穿就是最好的证明。

面对客户的“咄咄逼人”，销售员若无法控制自己的情绪。为图嘴上痛快“迎难而上”，结果必将惨不忍睹。遇到这种情况，不妨试试“以柔克刚”的方法，说不定问题就会迎难而解。就像水一样，天下再没有比水更软弱的东西了，而攻坚克强却没有什么东西可以胜过水。

对于那些态度特别强硬的客户，采用“以柔克刚”的办法是最为奏效的。所以，作为一名聪明的销售员，要掌握对付这类客户的招数。一般而言，那些态度强硬的人，他们的情绪也极为不稳定，他们好激动，而一旦激动就容易失去理智，凭着这股冲动去做或者不做什么事情，这就是这类人的特点，同时也是他们的弱点。

某地不锈钢公司的一位采购员到外地去采购原料，由于市场紧俏，卖方想趁机大赚一笔，报出的价格要高出平时的几个百分点，由于采购员无法接受对方开出的价码，导致双方僵持不下。

卖方看到僵持不下，十分生气，怒声怒气地说道：“你们能不能接受价格？不能接受就走人，不要在这里耽误我们的时间，还有很多客户抢着和我们做买卖呢！”

眼看着自己厂内的原料不足，无法继续维持生产，采购员很无奈，怎么办呢？他突然灵机一动，说道：“其实，你们把我看得太高了，我不过是一个小小的采购员，在厂里还没有混上个一官半职，你们说我手里能有多大的权力，我只不过是照章办事而已。再者说，如果我接受了你们的这个价格，我回去肯定会丢饭碗的，这个责任我可是承担不起啊！”

没有想到，这名采购员的一番诉苦，居然使得那些打算大赚一笔的卖主消了火气，而且对这名采购员的处境十分同情，最后竟欣然同意维持价格不变。

对于那些态度强硬的客户，销售员不妨采取下面的方法，让那些态度强硬的客户走出他们思维的怪圈。

1. 学会沉默，冷静分析

当对方滔滔不绝、盛气凌人之时，你千万不可感情用事，逞一时之快。聪明的销售员会选择安静地聆听，因为这样不仅能给客户留下好的印象，而且让其因为没有“假想敌人”而士气减弱。更重要的是，你抓住这段时间观察分析你的客户并准确地寻找应对策略。沉默不代表认输，只是一种“以弱克强”的迂回之策。

2. 声东击西，转移话题

在与客户的交涉中，如果对方情绪显得过于激动，或感到客户谈论的话题不利于交易的顺利进行，绝不可与其直接交锋。而对方说东，你却漫不经心地说西；对方说南，你要若无其事地说北。这样避其锋芒，转移话题，将客户挑衅消灭于无形之中，然后设局让客户心甘情愿地跟着你的思路走。

3. 找准机会，适时出击

面对盛气凌人、趾高气扬的客户，要在他目中无人、自以为是的高谈阔论中，选准机会适时出击。这里的出击一定要准确无误且强而有力，可以是针对其发言中的违背常理之处，还可以是针对其发言中的自相矛盾之处等。每次出击实际上都能使对方的气势下降，当对方的气势降到一定程度时，正常的交易谈话才能得以展开。

切记，对于销售员来说，订单决定一切。既然如此，即便客户在某些地方表现得比较强势，甚至咄咄逼人，你也一定要学会暂时的“低头”，真诚地向对方示好，以柔克刚，用你的“软弱”来感化对方，制服对方。

在销售中制造一种紧迫感

任何客户买东西都有一个理由，所以为了销售成功，销售员必须向客户提供他为什么应当买你的产品的具体理由。如果销售员做不到这一点，客户就无法产生立刻购买的动因，相反，他们常常需要推迟决定。你可以说你的产品存货不多，顾客不尽快买的话，很可能遭遇可怕的后果，这样的说法往往能创造出购买的必要性。例如，救生船销售员能够轻而易举地说服一艘正在下沉的巨轮的船长毫不迟疑地买下他的货。

然而，对于销售员来说，这种赶在顾客身陷绝境的时刻做买卖的机会实在是少之又少。正是由于这个原因，像责任保险、安全带及灭火器一类的产品必须提前购买以防万一。销售员必须在紧急的情况出现之前制造出紧迫感，而不是在事故之后。只要你能使客户产生强烈的欲望，急于得到你的产品，那你的成交率就会直线上升。

下面是一些制造紧迫感的策略：

1. 限时报价

销售员可以随时从报纸及电视广告中看到这种限时报价。商场和超市都在运用这种技巧出售所有商品。例如，一位销售员会说某个报价在某段规定时间内有效，顾客要是错过的话，就会失去获得好交易的机会。

这里有一个上海的西服店老板的故事。他在商店的橱窗里装了一部放映机，向路人播放广告片。片里，一个衣衫褴褛的人找工作处处碰壁。第二位找工作的西装笔挺，很容易就找到了工作。片尾显出一行字：好的衣着就是好的投资。这一招使他的销售额猛增。

商场和超市限时报价是如此的有成效，这就不难解释为什么如今人们常被铺天盖地的鼓动性广告所包围了。

在和顾客做面对面的销售时，你也能够制造出一种紧迫感，比如“买二送一”的香皂交易。这里还有一个很好的例子：

几年前，气流公司的董事会主席韦德·汤普森和总裁莱里·哈托共同做了一个电视广告，表示他们将为那些购买了该公司最新款汽车的客户提供 1.5 万美元的储蓄公债，而这笔公债只能在规定时间内领取。这个广告尤其吸引了那些常为买了豪华车回家而感到不安的老年夫妇，当他们了解到公债可以最终转让给他们的子孙时，他们的内疚感减轻了许多。

虽然 1.5 万美元的储蓄公债要在 10 年到期后才能兑付，但是在顾客中却产生了轰动效应，很多人都赶在报价到期之前急着购买该公司的车。

2. 在涨价之前购买

在销售活动中，价格经常会上涨，所以应经常利用这一点去刺激顾客，促成交易。“我们准备在本月底提高这款车的标价。”你可以在本月初说，“所以，我建议你今天就买下来。”当然，说话之前，你必须要确信公司已经宣布涨价。那种信口胡编的做法是一种愚蠢的短视行为，因为你迟早会受其困扰。

股票经纪人能够有效地制造出紧迫感，他说：“老王，我今天打电话给你是因为现在有一个购买石油股票的绝好时机。我觉得我们很有必要以每股 40 或再低一点的价格吃进这些股票，这种价格的股票将来能让我们赚好几倍。你知道这家热门股票公司的骄人纪录吗？咱们得抓住这个机会，我建议您先吃进 3000 股。”在投资领域，犹豫不决很可能带来昂贵的代价和损失。

人寿保险代理人可以对他的客户说，保险费会随着客户年龄的增大而提高。“李阿姨，您的生日就快到了，所以我想您今天就把您的申请表交给我。”如果客户的生日还差一个月才到，代理人则可以说：“公司一般要一个月才能处理完一份申请，我会尽力设法加快办理速度，以赶在您生日之前把保险单签署下来。”

服装厂代表说：“我们公司正在考虑略微提高纤维品的价格，如果您这边还有西服订单的需求，最好这一周内能告诉我，我可以按原价格给您发货。”只要有通货膨胀存在，物价就可能上涨，这是刺激顾客迅速决定购买的一个关键因素。

3.“争分夺秒”的交易

当很多人准备购买周末旅游车之类的产品时，一场争分夺秒的比赛就开始了。在这里，哈托所说的争分夺秒是指那些老年顾客。“我认为周末旅游车是一种很有趣的东西，但毕竟不是每个人都一定要有一辆。佛罗里达是一个很大的市场，那儿的顾客多为老年人。那里的销售员很善于制造紧迫感，他们对顾客说：“您已经在逝去的岁月里做出了很多牺牲，现在该享受享受了。为什么迟迟不肯购买我们的休闲车呢？您现在不仅买得起，而且还有时间去享受欢乐。别等待犹豫了，否则就晚了。如果您真想采取行动的话，我建议您现在就行动起来，对，就是现在。我们都清楚您不仅有权利，而且有资格拥有这辆车。”

莱里·哈托曾劝说他一个朋友买了一辆他公司的车。在与哈托交谈之后，朋友就明白，如果自己没有当场决定下来的话，那就可能永远也决定不了！是的，必须承认莱里·哈托制造了一种紧迫感，他说得对极了，任何人都正在日渐苍老，而不可能越活越年轻！要是没有他的坚持与说服，朋友绝不会买他的车，而且他可能会错过一生中最大的快乐之一——享受生活。

销售员的工作，就是去说服顾客必须争分夺秒。延误的时间越长，顾客失去的越多。一个出色的计算机销售员会指出，如果不更新系统，顾客原有系统的低效率将会减少顾客的利益。一个房地产销售员会说，如果顾客不买房而是租房，他将花费更多的钱。

不管销售什么产品，这种争分夺秒的技巧都非常有效。你只要稍加想象，针对不同的产品，不同的顾客，“量体裁衣”地制定销售计策。

4. 欲购从速，过时不候

销售垄断性产品或其他稀缺品同样能制造出紧迫感。

美美对一处住宅拥有独家销售权，顾客要是只想买这套房屋的话，除了和她交涉外就不可能把它买到手！

当小黄夫妻去看房时，他们第一眼就喜欢上了它。精明的美美敏锐地看出了这一点，她说：“房主急于卖掉这套住宅，他们最初报价太高，但现在已经降下来了，我认为这个价格要不了几天就能把房子卖出去。我知道你们也很想买，所以我建议你们立刻做出决定。我今天早上已经带一对夫妇来看过，他们表示很有兴趣。另外，我们还有两位经纪人也准备今天下午带人来看房。”

直到今天，小黄也不知道那位经纪人有没有对自己说实话，但他们都不愿冒风险，以免失去他们梦想中的房子。他们很快就签了合同。

正是他们担心拖延下去会丧失机会才加速了他们的决策进程。

在服务业中，这种技巧同样具有显见的效果。譬如，计算机销售员、办公用品销售员或重型机械销售员也可以运用这种技巧，他们只需要说：“我们的发货安排与安装计划已经排到 3 个月后了。刚巧我取消了其中一个计划，如果你需要，我可以把你们的订单插进去，赶在下个星期二发货和安装。”

5. 竞价出售

当众多顾客在拍卖会上激烈竞价时，卖方往往能以高价卖出产品。例如，拍卖会美术品、古董、马、牛、廉价商品、破产企业以及房地产变卖等拍卖，你可以想象当时的情景。从销售员的角度看，这是一种制造紧迫感的理想方式，因为顾客们被迫做出迅速的购买决定。如果专业的拍卖师再急切催促，顾客必须做出最快的反应。这一切都是瞬间完成的。

譬如，一位房地产经纪人手上有一处很不错的住宅，并且估计会很快销售出去，那他就可能发动一场竞标大战。具体的做法是，在销售的前两天，他带

10 位顾客去看房，并通知他们说，他们可以用 24 小时的时间递交投标书。经纪人然后再设定一个底价，等待竞标开始，最后，他就能将那套住宅卖给出价最高的人。

6. 时间就是一切

每一个人都懂得时间的重要性，运用这一点制造紧迫感是非常有效的。你没有必要对顾客说：“先生，我相信你明白生意场上‘时间就是一切’的含义。我觉得要是你今天放弃这次机会，相信你会感到很后悔的。”

如果是销售房地产，销售员在运用这种技巧之前，有必要调查一下顾客的现房是何时买下的。如果有些年头了，就必须考虑房地产在过去的 10 年中成本增加了多少，然后对顾客指出他的住房在几年中又增值了多少。每一个客户都能意识到财富来源于准确判断何时该买、何时该卖。

第八章　心理攻坚术：

瞄准心理弱点，抓住客户软肋

销售的最终的目的是成交，没有成交，再好的销售过程也是白搭。因此，面对犹豫不决、迟迟不肯下单的客户，销售员往往会采取“逼单”的形式达成交易。但是，逼单也得讲究技巧和策略，否则会得不偿失。

采取试用的方式，减少客户对风险的担忧

当今的销售，客户越来越挑剔，对产品的要求越来越高。销售员们为了能成交，往往会给客户开出各种优惠条件，如免费先尝后买，免费先试用再付款等。在这种情况下，如销售员操作得当，一般顺利成交的可能性很大。

在心理学上，我们将这一心理现象定义为“互惠原理”，即当他人给了我们什么好处，我们会自动认定应当尽量回报。销售员正是抓住消费者这种心理，免费赠送给客户样品，表面上是为了让客户了解他们的产品，暗中却让客户内心产生亏欠感，从而刺激其产生消费行为。因此，互惠原理能用作获取客户顺从的有效策略。

销售员采取这一心理战术，往往会受到意想不到的效果。虽然刚开始订单数量有限，然而对方试用满意之后，就可能给你大订单了。这一“试用看看”的技巧也可帮助客户下决心购买。

我们知道，安利是一家销售家用产品和保健品的公司，销售额连年攀升。取得这骄人成绩主要是由于公司推行的一种免费试用方法。安利公司的《操作手册》这样指导销售员：将公司一系列产品进行组合，包括若干瓶家具抛光剂、清洁剂、除臭剂、杀虫剂或洗发水等。然后销售员设法将

这些产品带到消费者的家里，并让他们免费试用一至三天。等试用期结束后，客户代表就可以上门顺利地拿到客户希望购买的产品订单了。

安利推行的免费试用方法，为公司创造了巨大的销售额，这是因为消费者在试用后，心里会觉得：由于试用并消耗了一些产品，那么就有义务订购它。正因如此，该方法刺激了试用者的消费行为。

如今，很多人在买东西之前都会想要先试用，现在很多商家都借助这个免费试用吸引消费者的目光，并且促进消费者购买欲望。如在超市，每天都有很多免费试用的东西，有泡面、饼干、饮料等，先吸引消费者来试吃，在消费者试吃的同时会宣传说，现在这款试用品在搞促销打折，现在买更优惠等。这样首先能够吸引大量的关注，其次在吸引到消费者关注之后，通过促销的方式增加关注者的购买欲望。

你是否发现，购买服装时，如果一家服装店不能让客户试穿的话，有很多客户就会马上离开；购买品牌电脑时，如果消费者不能亲自试试性能感觉一下质量，大多数消费者就会对其质量表示怀疑；购买手机时如果销售人员不太愿意让客户试验效果，客户马上就会扬长而去……

分析一下这些现象背后的原理，我们会发现消费者在购买很多产品的时候，都想采取先试用的方式，觉得满意了才去购买的欲望，许多商家也是顺应消费者这一心理，采取先使用后购买的方式，这样做可以减少客户对风险的担忧。

销售员通过免费发放试用品，让消费者感受或使用。通过客户亲身使用，他们对产品有了最真实和最全面的体验，从而很快产生购买决定。

这种宣传方式宝洁公司做得最为成功。宝洁公司旗下产品海飞丝洗发水就是这样打开市场的。公司派大量的促销员在广州街头派发瓶装洗发水。正是这种气魄，在当年成为传诵话题，迅速打开了海飞丝消费市场，并奠定了它去头屑产品的霸主地位。

但这种宣传方法，一定要计划好多少量才能触动消费者的神经，所谓有

“舍”才有“得”。客户通过样品的试用，如果满意就会购买商家的产品。

1. 免费试用的产品必须是应时下需求的，款式新颖有吸引力的，适合用来做免费试用。

2. 在活动期间，需要多多关注活动的动态，比如有多少人来申请了该试用品，试用活动平台的浏览量有没有提升。

3. 试用品发放给消费者之后，就能收集到大量的试用报告数据。销售员把这些试用报告整理好放在产品描述当中，提供了大量的产品体验见证，增加消费者对产品的信任感，进而刺激到消费者的购买欲望，刺激商品销售。

通过免费试用活动，首先使得代售产品得到了大量的人气、大量的分享。销售员可以配合相应地推出一些促销活动，针对体验过试用产品的消费者，培养他们的忠诚度。这样通过亲身体验产品，就能很好地刺激到消费者对产品的购买欲望。

客户犹豫不决时，要帮助客户消除疑虑

在销售过程中，销售人员常常会碰到这样的客户，面对要购买的商品，他们总是犹豫不决，左看右看，拿起又放下，似乎想买又似乎有些不满意，总是迟迟下不了决心。有很多时候客户会采取拖延的借口，比如说："等我再看看""我要再考虑考虑""我想和老婆再商量一下"。

为什么会产生这种情况？当面对犹豫不决的客户时，销售员首先要弄清客户犹豫不决的原因。

一般情况下，犹豫不决的客户具体表现为：对销售员所推荐的产品基本满意，似乎也有点心动，但是要决定购买时却犹豫不决，可能多次对产品的质量、款式、价格等做比较、挑毛病。他们总是瞻前顾后、举棋不定。

销售员可以通过观察客户的言谈举止等，对客户犹豫不决的原因做一个大致的揣测，也可以直接询问客户，让其自己说出犹豫的原因。如果客户愿意说出原因，就说明他们确实需要销售员的帮助，销售员可以试着帮助客户做出决定。销售员不妨制造销售的紧张气氛，增加客户对产品需求的紧迫性，如提醒客户产品数量有限、即将断货，或是产品促销即将结束、就快要恢复原价等，引导客户选择，令其果断地做出决定。

请看一个案例：

小孙是一名保险推销员，业务在全公司一直是最好的，尤其擅长心理攻坚战。

一天，小孙通过熟人认识了一个客户。小孙："真巧啊，你想买的这款保险产品和我去年买的一模一样。"

客户："是吗？你们自己也买保险啊？"

小孙："是呀，我虽然是卖保险的，但人生中也难免有各种风险，而且这款产品确实不错，就买了。"

客户："这个险种你们好几个业务员都给我讲过，但我还是不太放心。"

小孙："你有什么地方不清楚的，可以提出来，我再给你解答一遍。满意了你就买一份，不满意了回头再说，你看怎样？"

客户："你们业务员说这个险种如果买五份，到期后给我五万，如果身故了，但还没到期，这个钱还有吗？"

……

客户："如果按你这样算，似乎挺划算，但买了主险，还能享受其他保障吗？"

小孙："当然可以，而且还可以享受住院费和医疗补贴呢！"

客户："但我拿你们公司的险种和其他公司的同类险种相比，还是感觉你们的收费较高。"

小孙："你说得没错，但你是否发现在保费额度方面，我们这个险种享受的优惠更大、更高呢？"

客户："如果买了一年期的险种，没出意外，钱是不是就白交了呢？"

小孙："你要知道，保险和买彩票可不一样，出意外和中奖的概率都很低，但买彩票是为了得到那个很低的概率，买保险正好相反，就是要规避那个很低的概率。钱虽然花了，但健康、安全有了，这不正是你想要的吗？"

客户："你说得没错。不过我现在身体很健康，买保险会不会有点杞人忧天或者太早啦？"

小孙："去年我的一个顾客，本来打算给自己孩子上保险的，后来也是出于和你相似的想法，结果没有及时上，最后孩子因为车祸出了意外，在医院里住了两个月，花了三万多。如果他们当时及时给孩子买保险了，其中的两万块都可以报销。这样，大哥，你看我们都是熟人了，小李是我的同事，你和小李是很好的朋友。你不妨先买一份看看，感觉不错就帮我们做个义务宣传。另外，你以后也不用天天为这个事情操心了，可以安心做你的工作了。怎么样？"

客户："那好吧，就按你说的办。"

在销售过程中，销售人员想要顺利地完成销售，就要学会巧妙地促使客户做出购买产品的决定。而要促使客户早做决定，就要学会帮助客户克服心理障碍，从心里消除拖延购买借口的疑虑。

在面对销售人员的推销时，即使是那些确实有需求的客户，也会常常说出"我要考虑考虑""让我想一想"诸如此类的话。要知道这些话只是一个拖延购买的借口，而不是真正的拒绝理由。

犹豫型顾客一般会有很多顾虑、疑问，所以拿主意总是显得很难。销售员只要找出真正的拒绝理由，并有创意地加以解决，就有推销成功的可能。

1. 建议顾客先买一点试试

有些顾客可能在销售员的宣传下，对产品有些兴趣，但对质量、实用性等关键部位、核心功能信心不大。销售员此时不妨建议顾客先少买一点。只要产品本身没有问题，虽然刚开始销量少，但是日后会稳步提升的。

2. 帮助顾客挑产品

许多顾客即使有意购买，也不喜欢迅速地签下订单，他总要东挑西选，在产品颜色、尺寸、式样、交货日期上不停地打转。此时，销售员就要改变策略，暂时不谈订单的问题，转而热情地帮助顾客挑选，一旦顾客选定了某一产品，你也就获得了订单。

3. 让顾客知道这是大家认可的产品

客户在购买产品时，都不愿意冒险尝试。凡是没经别人试用过的新产品，客户一般都持有怀疑态度，不敢轻易选用。对于大家认可的产品，他们容易信任和喜欢。

一个客户看中了一台微波炉，却没有想好买不买。销售人员说："你真有眼光，这是目前最为热销的微波炉，平均每天要销五十多台，旺季还要预订才能买到现货。"客户看了看微波炉，还在犹豫。销售员说："我们商场里的员工也都在用这种微波炉，都说方便实惠。"客户就很容易做出购买的决定了。

4. 采取步步紧逼法

很多客户在购买之前往往会拖延。他们会说："我再考虑考虑。""我再想想。""我们商量商量。""过几天再说吧。"

优秀销售员遇到客户推脱时，会先赞同他们："买东西就应该像您这么慎重，要先考虑清楚。您对这个产品还是很有兴趣的吧，不然您不会花时间去考虑，对吗？"他们只好认可你的观点。

此时，你再紧逼一句："我只是出于好奇，想了解一下你要考虑的是什么，是我公司的信誉度吗？"对方会说："哦，你的公司不错。"你问他："那是我的服务还有欠缺？"他说："哦，不，怎么会呢？"

你用层层逼近的技巧，不断发问，最后让对方说出他所担心的问题。你只要能解决客户的疑问，成交也就成为很自然的事。

最后，值得注意的是，对于犹豫不决的客户，销售员首先需要有足够的耐心，千万不要逼迫客户马上做出决定。并且销售员还保持真诚的态度，让客户感受到你的称赞和认同。切不可为了尽快成交而忽略谈话的语气和态度，否则不仅不能帮助客户消除犹豫心理，还可能使客户更快地离开。

让客户“货比三家”，还愿意回头下订单

我们知道，高矮胖瘦总会有一个为参照标准，才知道另一个结果。在一个茫茫森林之中，若只有一个女人，怎么会知道她是美女，所以一定有个对比。因此，客户在挑选产品时总有“货比三家”的心理，这很正常。

作为大部分客户购物心理，在购买一件商品时，一般的客户都会“货比三家”，特别是高价位商品，客户会更趋理性，销售员不主动去对比商品做引导推销商品，客户他也会自己去对比商品，你会发现即使选购了商品的客户在一段时间内一样还会关注他所买的商品是否超值，还会再作对比。

无论你的商品是市场独有，还是质量过硬，作为销售员在推销商品的时候，也要善于应用对比，打消顾客疑虑，把握顾客准确的购物需求，来引导证明你要推销商品的好处及卖点。推销过程当中一定要有参照商品进行对比烘托，没有对比也会令客户很难坚定他的购买选择，没有对比也就容易造成好坏没有标准。因此，销售员不妨让客户“货比三家”，有时可以帮助他用卖场现场的商品进行对比烘托，推销起商品来必然是事半功倍，提高成交率，促进销售。

任何一个产品，都存在着好的一面，以及不足的一面，作为推销员理应站

在客观的角度，清晰地与客户分析产品的优势，帮助客户“货比三家”，只有知己知彼、熟知市场状况，才能让客户心服口服地接受你的产品。

小刘是从事润滑油产品的推销员。去年10月广州一个做小家电生产的工厂联系到他，经过了解，小刘推荐了一款比较适合他们工厂的润滑油。客户提出要试样，小刘快递了一公斤润滑油的样品给他试用。

在他们试用了样品后的第二天，小刘打电话给客户，客户说用油的工程师还没有给答复，说情况不是特别好。小刘叫他们工程师具体说说，哪方面不太理想，他们这边按照要求调整润滑油配方，客户表面上答应了。

又过了几天，客户那边来电话告诉小刘，说他们再找其他供应商试试。小刘也答应了他们的要求，并且欢迎他们对产品提出宝贵意见，以待改进。但是小刘对这个客户是很有信心合作的，因为这种型号的润滑油是他们公司的优势主导产品，而且通过网络成交了不少客户。虽然价格高点，但是质量过硬，在同类产品中口碑一直不错。

很快这事就过去了，小刘也渐渐忘记了。没想到，一个月之后的一天，小刘接到来自广州的电话，一听就知道是那个客户，那个客户说采购一批他们的润滑油。原来后来他们试了几家供应商的润滑油，情况更糟糕，当然价格可能比小刘的润滑油要便宜一些的，但是效果比小刘的差得比较远。因此，他们还是决定买小刘的润滑油。

跟了一个多月的订单最终还是回到了小刘手中，让小刘多少有些兴奋。但是兴奋之余，也让小刘得到一个重要的启示：在产品没有成交之前，客户“货比三家”实属正常，如有可能我们可帮助他们“货比三家”，让客户感觉到我们的诚意，只要我们的产品好，就不怕比较，更何况你这样帮助客户，客户也同样会投桃报李，最终选择你的产品，促成交易达成。

在客户“货比三家”之后，我们再与客户谈判时，我们不妨用点策略，加快客户购买你的产品，以下几种方法不妨一试。

1. 分析法

大部分的客户在做购买决策的时候，通常会了解三方面的事：第一个是产品的品质；第二个是产品的价格；第三个是产品的售后服务。在这三个方面轮换着进行分析，打消顾客心中的顾虑与疑问，让它“单恋一枝花”。

例如：

“××女士，那可能是真的，毕竟每个人都想以最少的钱买最高品质的商品。但我们这里的服务好，可以帮忙进行××，可以提供××，您在别的地方购买，没有这么多服务项目，您还得自己花钱请人来做××，这样又耽误您的时间，又没有节省钱，还是我们这里比较恰当。”

2. 转向法

不说自己的优势，转向客观公正地说别的地方的弱势，并反复不停地说，摧毁顾客心理防线。

例如：

“我从未发现那家公司（别的地方的）可以以最低的价格提供最高品质的产品，又提供最优质的售后服务。我××（亲戚或朋友）上周在他们那里买了××，没用几天就坏了，又没有人进行维修，找过去态度不好……”

3. 提醒法

提醒顾客现在假货泛滥，不要贪图便宜而得不偿失。

例如：

“为了您的幸福，品质与价格两方面您会选哪一项呢？您愿意牺牲产品的品质只求便宜吗？假如买了假货怎样办？您愿意不要我们公司良好的售后服务吗？××先生，有时候我们多投资一点，来获得我们真正要的产品，这也是蛮值得的，您说对吗？”

在实际销售中，销售员如何才能使客户“货比三家”之后重新返回购买你的产品呢？除了以上的方法，还可以采取以下策略。

1. 增加产品附加值

谁都想买物美价廉的东西，更是有点贪小便宜。在同一个价位上，产品效果功能差不多，如果有的产品会附送一点小小的赠品，那么就算在“货比三家”后，99%的客户还是会选择有赠品的那一家，哪怕那赠品值不了多少钱。但是送赠品一定不能泛滥，只有在客户询问了价格、功效后，再把赠品打出来，这时可以对客户说：这些赠品不是什么时候都有的送，现在是搞活动，前××名的客户才有送的！这样，既满足客户贪小便宜的消费心理，也让客户在购买的过程中产生优越感。

2. 给客户介绍产品知识，增加信任度

其实，客户买产品，有时对产品的知识了解并不多，就算知道一点，但也是一知半解。这时销售员耐心给客户讲解，会有意想不到的效果的。比如有个客户要买化妆品，销售员不要急着向客户介绍这样那样的品牌，先观察客户的皮肤，然后有针对性地教客户一些护肤或化妆知识，教客户怎么选产品，哪些产品更适合客户，说完这些之后，再向客户介绍产品。这样，就算客户看到同类甚至是同一种产品时，如果其他产品的推销员没有向客户介绍知识，没有教客户怎么选产品，客户会觉得教给他知识的那家更值得信任，在“货比三家”后，选择会更偏向你。

巧妙利用客户的冲动心理促进成交

有一个孩子的母亲，喜欢在网上购物。有一天她估算了一下，一个月下来，单是给孩子买书、衣服、玩具的花费已经超过2 000元，还不算奶粉和尿布的钱。

这不算不知道，一算吓了她一大跳。怎么会这样呢？实际上，她每一次购物前先问问自己：孩子需要吗？然而，几乎每一次她都能找到“是的，她需要”这样的理由。比如，一套十几本的绘本，每一套都那么精美，都那么有教育意义，尽管大部分适合的年龄段在2岁以上，和孩子现在的年龄不那么相符，但说不定她会很喜欢呢；还有那些玩具、积木等功能不同，她可以获得不同角度的满足，也很好啊。

尽管如此，事实证明，她给孩子买的东西中，特别是玩具，孩子并不都那么喜欢，但她却依然一厢情愿地给她买、买、买……其实深层的原因在于：她在自己这个不到2岁的孩子身上倾注了太多的关爱情感，激发了她的购物冲动。

客户最终做出购买的决定，有时是出于感情上的冲动，并不是出于理性的分析。许多人都会有这样的内心体验，当一件商品触动了他的情感内心时，他的购买欲望会因此加强，以至于在价格方面的顾虑都可以变得次要，甚至浑然不知了。

比如，有些男士出于爱慕，为了急于获得某位女士的芳心，于是在花钱方面大方得很，几乎完全失去了理性控制。在强烈的爱欲情感影响下，他们会购买昂贵的珠宝、香水、衣物、花束，甚至价格更贵的普通商品。

相对于犹豫不决客户而言，冲动型客户更容易应对一些。冲动型客户喜欢追求刺激、冒险，言行不受约束，经常是不假思索地采取一个行动，在很多时候甚至不会“货比三家”，也不会“讨价还价”，只要他们觉得产品性能不错、价格合适，就会立即下单子购买。

冲动型客户还很容易受外界环境的影响，喜欢追逐时尚，最近流行什么，他们必定会一马当先地去抢购。

冲动型客户是天生的急性子，他们做事不喜欢拖泥带水，一旦认定了某件事便立刻做决定，所以与这类客户成交也比较爽快。

一般来说，75% 消费者的购物决定是在 15 秒钟以内完成的，所以说消费者是很容易产生冲动购物的。刺激消费者冲动的方法有很多，关键是销售者一定要把握住消费者冲动的时刻，适时出击影响其购买决定。

小燕是一名普通的公司文员。她平时并不是一个易冲动的人，却在今年国庆假期时候一下花 1 000 块钱买了两双高跟鞋，那可是她那半个月的工资。

事情是这样的，国庆当天，小燕在商场乱转悠。看到一个不大的店里挤满了人，觉得好奇就走过去看，只听音箱中一个温柔的声音：“尊敬的新老顾客，为了感谢您的支持，我店今天进行酬宾活动，一律半价，仅此一天……”小燕一下就被吸引了，刚进去，店员就热情地招待：“请随便看看，看中了可以试哦。”小燕试了好几双，其中有两双她都特别喜欢，不知道该买哪双。正在犹豫不决的时候，店员热情地说：“夏天一双凉鞋肯定是不行的，反正又不贵，就都买回去换着穿呗。而且就今天半价哦，明天再来可就恢复原价了。刚刚还有一个小姑娘一气拿了四双，因为她经常在我们店里买鞋，知道平时的价格，所以觉得今天买很划算……”结果小燕一冲动，花了 1 000 块钱把两双鞋都买了下来。

在与顾客的交流过程中，要准确捕捉客户瞬间的购买冲动，并全力以赴地跟进，以尽快实现签单。因为当客户处于这个“冲动期”时，也是其最不理智的时候，如果把握不住机会，等客户冷静下来，交易成功的概率就会减少很多。

并且，适当的优惠政策，往往能抓住客户“占便宜”的心理，让其产生强烈的购买冲动。虽然单品的利润会有些下降，但是总体上来说，这种刺激消费者冲动的策略往往能给你带来很大的收益。

因此，如果销售员能在销售中把握好冲动型客户的心理、性格特征，那么他们将带给我们滚滚的财源。对待冲动型客户，具体需要掌握以下几点。

1. 抓住客户的喜好，迎合其心意

冲动型客户往往个性比较鲜明，所以销售员要快速判断客户个人的喜恶，顺其心意，销售产品时要尽量抓住产品本身符合客户需要的相关特点，以调动客户对产品的积极性。对于客户不关注、不想听的话，销售员就坚决“闭嘴”，避免“言多必失”“画蛇添足”。

2. 趁热打铁，迅速促成交易

冲动型客户往往凭热情购物，在某个时间段内，客户的购买意愿会非常强烈；但是，一旦客户热情冷却了，他们可能就不想购买了。所以，销售员不能贻误战机，必须趁热打铁，速战速决。

3. 在购物环境上下功夫

商品陈列尽量做到一目了然，达到商品的最大显露度，尽量将畅销货和高利润品放置在顾客视线最先进入的地方以达到吸引顾客的目的。另外要营造良好的现场气氛以提高顾客在现场购物的可能性。顾客都有看热闹的心理，会潜意识地将拥挤程度视为商品受欢迎的程度，围观的人越多，顾客冲动的概率也就会越大。

使用有说服力的案例，能大幅提高成交率

在销售过程中，如果销售员单一地介绍产品说服客户购买，很容易引起客户的反感。那么，如何才能说服客户呢？用成功客户的事例不愧为一个最经济、最有效的方法，不但可以活跃气氛，最重要的是可以增强说服力，增加产品的可信度。

越来越多的销售员意识到，运用“成功案例”是一个非常有效的说服工具。

小李是一位保险理财员，他在向客户推销理财产品的时候，总是喜欢用以往客户的成功事实来说服准客户。

“我有个老客户，在理财方面是个专业能手，从事股票、基金买卖十多年。可这段时间股市不稳，收益大缩。他发现，在当前的形势下理财还是稳妥点好，于是，将大部分资金转移到保险领域，其中很大一部分就是买了我们的红双喜。”

“是吗？那你们的产品收益率如何？”

“这种产品是一种非常好的理财产品，我们公司的每个人都投资了。其中有个同事，年初刚生儿子，一心想为儿子准备一份礼物，经过精心挑选最终选择了红双喜，作为孩子以后的教育基金。您看，这是他保单的复

印件。”

客户点点头，认可了小李的说法。

一个小故事胜过长篇大论，以实际案例来说服客户，胜过讲一大堆道理。由此可见，销售员在推销的时候要随时准备几个简短的案例故事，可以大大加强销售时的生动性和说服力。

据研究，用10倍的事情去证实一个道理比用10倍的道理去论述一件事情更能吸引人和说服人，用活生生的例子本身就给人以信任感。

并且，通过叙述别人使用的利益，间接引发客户的想象，激发客户的购买欲望。比如推销员说：“某某企业已经使用这个设备一年多了，生产效率比过去提高了百分之三十，费用节省了百分之十，工人也特别欢迎这个设备，因为它能大大减轻体能支出，所以这个企业今年又要追加两台这个设备。”

此外，通过事例能够造成客户的缺失感，大家都有了，就我没有，这种缺失感会导致从众的压力，从而激发客户的购买欲望。

有一个日用品推销员，他在居民区向家庭主妇推销，每成交一户他就请这户的主妇在一张纸上签字，时间长了，签字的人越来越多。然后，他再推销的时候就拿出这张纸对家庭主妇说：“这是你们这个小区已经购买我产品的太太们签字，她们是我的老主顾，享受我的上门服务。”这样一说，绝大部分主妇都会购买。

销售员利用案例推销技巧所使用的产品证明方法主要用人证、物证和证词三种，人证是最受相信的，其次为后两者，如能使用人证是最好的。在进行人证的时候，尽量是客户认识的人或者名人，这样信任度会更高，印象会更深，同时还要将产品带给客户的利益说到位。

比如，减肥产品推销员说：“您还记得街对面住的那个大胖子刘华吗？他身高只有1.6米，但体重有240斤，还有轻微的心脏病和糖尿病。用我们的减肥茶2个月，就减轻了60多斤。是不是你现在见不着他啦？”客户说：“对啊，好长时间没看到那胖子了。”推销员接着说：“其实他还在那里，每天出出进进的，但是由于减肥后，形象大变，很多人认不出来了，而且，心脏病和糖尿病也得到了有效的控制，现在他说自己不像以前那么懒散，像换了一个人似的。过去他由于胖一直没有找到对象，现在他有了一个很漂亮的女友呢。”

案例具有很好的说服力，许多销售员都乐此不疲地去运用。但是，案例法推销应注意以下几个问题：

1. 案例要具体，要用数字、真名实姓

比较一下两种销售话术，推销员：“你们家附近很多人家都买了我的产品，他们都说这个产品很好用。”推销员：“你们家的邻居周华，去年买了我们公司的电动车，用了一年多了，一次都没有维修过，并且行程达 5 万多公里。”相信，你一定会觉得第二种更有说服力。

2. 案例介绍要生动

通过介绍别人的例证来证实产品的推销技巧，你要学会调动语言的魅力，特别是在描述产品的时候，要把产品的利益画在客户的心中。

值得注意的是，尽管用成功事例的形式介绍产品，可以起到事半功倍的效果。但在具体运用的时候要注意领会运用。比如，为了便于客户更好地接受，在介绍产品时，不要一上来就开始讲故事。而是要先揣摩客户的想法，了解客户的兴趣爱好、购买习惯、购买能力等。之后，才想办法根据客户实际情况有针对性地选择。

给客户一个台阶，给自己留有成交余地

充分留有成交余地，也就是说在成交前给自己保留一定的退让余地。任何交易在达成之前都必须经历一番周折，很少有交易是按卖主最初的想法完成的。尤其是在买方市场的情况下，几乎所有的交易都是在卖方做出适当让步之后达成的。因此，在成交之前如果把所有的优惠条件都一股脑地端给客户，当客户在坚持做出些让步才同意成交时，销售员就没有退让的余地了，所以为了更有效地促成交易，销售员一定要保留适当的退让余地。

在销售过程中，客户在购买产品时一般都有以下两种心理反应：一是总以为自己还可以得到更多；二是对自己努力争取来的条件更感到满足。由于有这样的心理反应，因此当销售员十分主动地一次性把自己所能提供的各种条件一一列出时，客户通常并不认为销售员已经退让到了极限，客户在购买过程中会努力为自己可能得到的更多利益不断争取，并且客户对一下子争来的优惠条件，无法产生成就感，而一步一步争来的优惠条件，客户更感到满足。所以，销售人员应该切实了解客户的这一心理，并学会根据客户的这一心理调整自己的成交技巧，以免自己在销售过程中过于被动。

因此，销售员要想争取到更多的订单，将优惠条件在客户争取的情况下，一点点地“让”给客户，然后要求客户成交，才是符合购买心理的，才是真正

意义上的促成订单的技巧。这种技巧可以为销售员赢得更多的客户满意度，可以尽早促成订单，赢得更多的主动权。

做事留有余地是做事的基本原则，同样销售留有成交余地也是必要的。因为余地既为我们提供了前进的空间，又为我们留下了后退的可能，减少成交的阻力。如果销售员想一步到位，很容易把自己送到了绝境，陷入僵局，一点余地不留很容易适得其反。

请看下面两个案例。

案例 1：

一家生产净水器的公司在搞促销活动。

一个销售员在向客户推销净水器时说："现在，我们公司正在搞一个优惠活动。凡是购买我们公司净水器的客户，可以享受送货上门、免费安装、保修三年、获得享有七折优惠的会员卡、一次有机会中 1 万元现金的抽奖机会。因此，机不可失。您要是在这张订单上签下您的名字，所有这些好处都等着您拿……"

客户听了后，说："哦，真的不错，不过再优惠一点就更好，你们公司还有没有其他的优惠啊？"

销售员说："这就是我们公司所有的优惠，没有比这更加优惠的了！"

客户听了说："哦，没有更优惠的，我就不买！"

销售员一听，便以各种理由向客户解释，但是都无济于事。

案例 2：

在另外一个促销地点，另一位销售员向另一客户推销净水器时，也对客户说："现在，我们公司正在搞一个优惠活动。凡是购买我们公司净水器的客户，可以享受送货上门、免费安装、保修三年服务，可以获得享有七折优惠的会员卡。因此，机不可失。从现在起，您要是在这张订单上签下您的名字，您就能享受所有的优惠条件……”

客户听了，便接着问：“哦，听起来是一个不错的机会。不过，还有没有别的优惠？没有别的优惠，我就不买。”

销售员说：“我们公司提供的条件已经够优惠的了！不过，我们公司对购买净水器的前100位客户还提供了一种优惠。按照公司签合同的序号为准，购买产品前100位客户将有一次可能中1万元现金的抽奖机会。现在，我手中的合同编号是97号，已经有几位同事打电话询问我手中有没有合同了……”

客户听了，连忙问销售员：“你说的是真的吗？”

销售员说：“当然是真的，您好好想想，尽快做决定吧，有好几位客户等着我手中的合同签字呢？……”

客户说：“哦，那把合同递给我看一看！”

销售员便把合同递了过去。结果，客户把合同拿到手中扫描了一眼后，就在合同上签下了自己的名字。

同样的优惠条件，为什么最后的结果却不一样呢？原因有很多，但是其中最重要的一点就是后一位销售员在促成订单时，充分留有成交余地。

在销售过程中，一些销售员在向客户介绍产品的竞争优势时，往往会认为对公司产品所具有的各种竞争优势介绍得越全面、越彻底，就越有利于促成订单。于是，恨不得把产品的所有竞争优势全部向客户说明，以促使客户迅速下定决心购买。

结果，这些销售员过早地把自己所能提供的所有有利条件全部透露给客户，等到客户提出异议时，由于销售员的手中已经没有任何筹码，致使彼此之间的沟通没有任何回转的空间，并最终使交易失败。

相反，一些对产品的竞争优势留有余地的销售员，在客户提出异议的时候，销售员能够在关键时刻巧妙地将自己之前适度保留的竞争优势展现给客户，往往会取得更多的客户满意度，促使客户做出成交决定，甚至能让许多眼看没希望的交易成交。

但是，在销售过程中，销售人员运用这种技巧促成订单时，还需要注意一些问题。

1. 保留的余地必须要适度

保留余地的目的是为了给之后的销售活动留下足够的回转空间，所以在选择这种成交技巧时，销售人员要确保自己所准备的“余地”具有一定的分量，必须把握一定的度，既要保证自己在前期向客户介绍产品或服务的竞争优势时，能够引起客户的兴趣，又要尽全力做到在关键时刻，销售人员可以拿出足够优惠的条件促使客户做出成交决定，顺利签单。

2. 选择合适的时机进行回转

当销售人员事先对某些有利条件有所保留之后，接下来需要考虑的问题就是什么时候把这些条件拿出来才能够发挥最大效用。具体选择怎样的时机，必须结合具体的客户反应和具体的销售情形来决定。一般认为，销售人员可以在客户对已有条件感到不够满意时或者在客户认同大部分条件，但仍然有所犹豫时，巧妙利用这种技巧促成订单。

巧妙让客户占便宜而不是图便宜

在现实生活中，贪图便宜是人们常见的一种心理倾向，我们经常会遇到这样的现象。例如，某大型超市打折了，某服装厂家促销了，某玩具商店甩卖了，人们只要一听到这样的消息，就会争先恐后地向这些地方聚集，以便买到便宜的东西。

我们知道，“便宜”是客户把同类商品比较后得出的一种自我判断，是相比较而言的，消费者不仅想占便宜，还希望“独占”，销售员可以利用客户这种想独占便宜的心理，学会满足客户的这种心理需求，而不是一定要把产品卖出低价。如“本店今天刚开张，图个吉利，这个水杯按进货价卖给你算了！”“这是最后一顶帽子，按清仓价卖给你！”“马上要下班了，我这裤子一分钱不赚卖给你！”等这类的“便宜”促销话，好像便宜都让一人独占了，这样的便宜，还有谁不会心动呢？

为了让消费者自愿掏腰包，销售员还应学会将产品的利益用数字具体说明，“节省”“便宜”“赚钱”“降低成本”等词语还不能够更好地吸引客户，得用具体的数字。比如说，这件皮衣比商场便宜，那究竟便宜多少钱，就需要算笔账，用清清楚楚、实实在在的数字来打动客户。

客户在购物过程中，对所需商品有不同的要求，出现不同的心理活动。用尽可能少的经济付出求得尽可能多的回报，这种消费心理活动支配着大多数人的购买行为。而客户占便宜的心理也给了销售人员以可乘之机。

但是，推销员在具体操作时，还应注意以下几个方面：

首先，客户在购买某件产品之前，一般都会事先做好价格预算。如果推销员报出的价格超出了客户的心理价位，超出了客户的预算范围，那么交易就很难完成。如果报价低于客户的心理价位，客户就会对产品的质量产生怀疑。所以，推销员要尽可能了解客户的心理价位，报价与之相适应。

其次，用价格的悬殊对比来诱导客户，让客户觉得占便宜了。推销员设置一个较高的价位，或者设置一个价格悬念，然后再以一个比原来低得多的价格作对比，客户通过一比较，感觉有便宜可占，于是做出购买决定。

最后，推销员还可以利用优惠时限来刺激客户，向客户表明：过了优惠期限，就恢复原价了。从心理学上讲，客户会在这种外界压制下产生强烈的心理不平衡，同样的产品，现在就能省好多钱，以后再买多不值啊。于是在这种焦虑下，客户就会积极行动，强迫自己在规定的时间内去购买。

如今，高度的竞争带来商品价格的透明化，价格战要打，但绝不是拼个你死我活，客户绝对不会因为你亏本卖而同情你。有句老话说得好：没傻卖的，只有傻买的。客户绝不会相信你在亏本卖。客户不是图便宜的，而是想占便宜。

第九章　心理排异术：

消除客户心理异议，快速成交

在销售中，销售人员经常会遇到客户提出异议的情况，销售人员在面对客户的异议时，应该进行分析，了解异议产生的源头，然后寻找解决方案。如果销售人员能够恰当地处理好客户异议，则会大大提高成交机会，若处理不当，则会导致销售的失败。

平常心对待拒绝，弄清客户真正想法

在销售过程中，销售员碰到客户拒绝的可能性远远大于销售成功的可能性，许多时候，在洽谈还没开始，销售员就遭受了一盆冷水。

销售员每天都可能要面对客户的拒绝。当销售员遭到客户拒绝后，他们的反应各有不同：有的人非常生气（摔门而去）；有的人表现出沮丧的情绪；另一些人则尽量设法忘记这个不愉快的经历，但也有很多销售员似乎不受这个影响。

每一个销售员和“拒绝”这两个字都有不解之缘。很多的销售人员在销售工作中会遇到过无数次的拒绝，甚至因为客户的拒绝还吵过架。但是，作为销售人员以平常心对待拒绝，要真正地明白，拒绝是销售中最常见的事情。

可以这么说，所有的销售过程往往都伴随着反对的声音，被称为“全球第一金牌销售员”的雷德曼曾经说过：“推销，从被拒绝时开始。”一位优秀的销售员在面对无数次的客户拒绝时，是从来没有想到逃避和抱怨，他做得更多的是对客户的拒绝表示理解，并且能够正确看待客户的拒绝，从而找到与客户达成交易的突破点。

因此，销售人员只有清楚地了解客户拒绝的真正原因在哪里，才能在面对拒绝时充满信心，从拒绝中找到销售成功的希望。

有一位保险推销员，最初对自己一点信心也没有，每天要敲陌生人家的门，说上一大堆好话，还十有八九不成功，内心充满了对敲门的恐惧。

有一天，他遇到一名资深推销高手，推销家要求他想象自己正站在即将拜访的客户门外。

推销员说："我正站在客户家的门外。"

推销高手又问："很好！那么，接下来，你想到哪里去？"

推销员说："我想进入客户的家中啊！"

推销高手又问："当你进入客户家里之后，你想，最坏的情形会是怎样呢？"

推销员说："最坏的情形，大概是被客户赶出来吧！"

推销高手又问："被赶出来后，你又回到哪里呢？"

推销员说："嗯……还是站在客户家的门外呀！"

推销高手说："很好，那不就是你现在所站的位置吗？最坏的结果，不过是回到原处，又有什么可恐惧的呢？"

从那以后，那位推销员好像换了个人似的，只要有 1% 的希望，他都会去做 100% 的努力，甚至看上去根本不可能买的客户，他也不会轻易放弃。有一个客户，大热天他顶着烈日跑了十几趟，好不容易让客户买了一份保险。可隔几天，客户又要退，他只好又上门给退了。"没什么，失败又怎么样呢？最坏的结果不过是退回到原处，我并没有损失什么，相反还增加了不少工作经验和人生体验。"推销员给自己安慰。就这样，那位推销员后来成为他所在公司销售业绩最好的推销员。

对于保险客户来说，拒绝只是一种习惯性的反射动作，除非他听了介绍就买——这样的情况比较少，一般说来，只有遭遇了拒绝，销售员才可以了解客户真正的想法，从而找到解决拒绝的最好办法。客户拒绝是销售中最平常的事情，因为成功的销售就是从被客户拒绝开始的。

在保险界，原一平成功的经历就是一个最好的佐证。日本一位著名的保险营销大师原一平身高只有 1.45 米，在 27 岁以前还一事无成。后来他进入了一家保险公司，花了 7 个月的时间才签下了保险生涯的第一单。在入行初期，欠房租、睡公园是家常便饭，但他仍然坚持每天认识 4 个陌生人，从来没有放弃。最终他成功了，成为日本有史以来最伟大的保险营销员。

如果你是一个初入保险行业的推销员，工作往往很辛苦。当你打了 100 个电话，别人都说“NO”的时候，你还有没有勇气去打第 101 个电话？但可能这第 101 个人就是你的第一个客户。

在实际销售中，客户拒绝的理由很多，下面列举一些常见拒绝的理由以及化解的方法，供销售员参考。

（1）客户说：“我没时间！”

推销员应该说：“我理解。我也老是时间不够用。不过只要 3 分钟，你就会相信，这是个对你绝对重要的议题……”

（2）客户说：“我现在没空！”

推销员就应该说：“先生，美国富豪洛克菲勒说过，每个月花一天时间在钱上好好盘算，要比整整 30 天都工作来得重要！我们只要花 25 分钟的时间！麻烦你定个日子，选个你方便的时间！我星期一和星期二都会在贵公司附近，所以可以在星期一上午或者星期二下午来拜访你一下！”

（3）如果客户说：“我没兴趣。”

推销员就应该说：“是，我完全理解，对一个谈不上相信或者手上没有什么资料的事情，你当然不可能立刻产生兴趣，有疑虑、有问题是十分合理自然的，让我为你解说一下吧，星期几合适呢？……”

（4）客户说：“请你把资料寄过来给我怎么样？”

推销员就应该说：“先生，我们的资料都是精心设计的纲要和草案，必须配合人员的说明，而且要对每一位客户分别按个人情况再做修订，等于是量体裁衣。所以最好是我星期一或者星期二过来看你。你看上午还是下午比较好？”

（5）如果客户说："抱歉，我没有钱！"

推销员就应该说："我了解。要什么有什么的人毕竟不多，正因如此，我们现在开始选一种方法，用最少的资金创造最大的利润，这不是对未来的最好保障吗？在这方面，我愿意贡献一己之力，可不可以下星期三，或者周末来拜见您呢？"

（6）客户说："我们会再跟你联络！"

推销员就应该说："先生，也许你目前不会有什么太大的意愿，不过，我还是很乐意让你了解，要是能参与这项业务。对你会大有裨益！"

（7）客户说："我要考虑考虑。"

推销员就应该说："先生，其实相关的重点我们不是已经讨论过吗？容我直率地问一问：你的顾虑是什么？"

（8）客户说："我要先跟我太太商量一下！"那么推销员就应该说："好，先生，我理解。可不可以约夫人一起来谈谈？约在这个周末，或者您喜欢的哪一天？"

在销售的过程中，经常会发生这样的情况，那就是客户对销售员的反映很好，对产品也有很高的评价，销售成功的可能性很大，但是，最终的结果是并没有销售成功，遭受到了客户的拒绝。那么，销售人员应该怎样应对客户的拒绝呢？

1. 用心倾听客户的拒绝

很多时候，销售顾问一听到自己的目标客户拒绝后，就开始对客户表现出不耐烦。这不仅让客户觉得你没礼貌，更显得你一点专业素质都没有。当客户拒绝你的时候，你要认真地倾听，不要争吵，也不要心急去辩解。一旦你开始争吵，你就只会得到一个结果——失去你的客户。

2. 询问客户拒绝的原因

当你倾听完客户的拒绝以后，就可以开始去询问客户拒绝的原因了。回答拒绝的最好方法就是经常地提问。你需要搞明白客户拒绝的是什么。

3. 帮助客户解决问题

销售员认真倾听客户的问题，并了解到他们拒绝的原因。那就要顺着客户的思路，将客户反对的问题一一加以解决。

4. 引导客户到你的产品上

在与客户的一步步交流中，你明白了问题所在。那你就可以进一步向客户介绍你的产品和服务了，说服客户你是如何满足他们的需求的。

正确对待客户异议，刁难之中暗藏商机

作为一名销售人员，你可能会经常听到客户提出的各种各样拒绝购买的理由。例如，“太贵了”“效果真像你说的那样吗”“我不需要你们的产品”“我已经选择其他的品牌了”等，这就是客户异议。其实客户异议是常见的现象，客户有异议并不可怕。

从心理学角度来说，每个人内心都存在着自我防卫机制。面对推销，客户的条件反射多数表现为轻微的异议，寻找借口力求避免做出购买承诺。这种异议只是为了抵御销售人员进攻的本能反应，一旦他们认识到你是诚心诚意的，你的产品和服务值得购买，戒备心就会消除。中国有句老话，“嫌货才是买货人”。销售人员应当坦然面对和接受异议，因为，异议是销售真正的开始。

但是，一些销售人员在面对客户提出异议时，认为客户是在故意刁难，从而采取针锋相对的态度对待，以至于使得客户愤愤离去。

某家电器公司的销售员刘松，他费了很大劲才向一家大型超市销售了几台冰柜。

一个月后，他再度前往那家超市销售，本以为对方会再向他购买几十台的。不料，那位总工程师一见到他，就对他说：“刘先生，我不能再从

你那儿购买冰柜了！因为你们公司的冰柜太不理想了！”

刘松惊讶地问：“为什么？”

“因为你们的冰柜制冷效果不好，并且有时还忽冷忽热。”

刘松一听连忙解释说：“高总工，我不同意您的意见，我们的冰柜制冷系统是严格按照国家相关规定而设计的！”

总工程师生气地说：“那难道是我在污蔑你们的冰柜？”

“不是的，但……”刘松说。

“别说了，我们要退货！”总工程师强硬地说。

结果，刘松失去了一大笔生意。

处理客户的异议是对销售员的考验，刘松没能通过考验，他生硬地对客户的异议表示拒绝，结果失去了再次成交的机会。在销售当中，出于各种各样的原因，客户往往会对销售员的产品表示异议，而不提异议的往往是那些没有购买欲望的客户。因此，无论由什么原因产生的客户异议，实际上都是客户关心销售的一种形式，都是客户对销售产品感兴趣的一种表现。因此，有经验的销售员不仅对异议表示欢迎，而且还把它作为促成销售的一个机遇。

因此，面对客户的异议，大多销售员以为客户在故意刁难自己，因此，怒从中来，同客户争吵。这是一种很不理智的行为，也让客户觉得你很没素质。其结果只能是不仅产品销售不出去，即使赢了也不能成功销售。因此，对于销售员而言，最好的办法就是不同客户进行争论，而要想办法去解决客户的异议。

无论如何，异议毕竟是销售过程中的障碍，必须予以清除。那么，销售员该如何处理异议呢？

1. 态度诚恳

面对异议时，销售员心情急躁、不舒服是正常的。这时应态度诚恳，耐心倾听客户的异议，让客户觉得被尊重，异议被重视，这样客户才会和你交流，说出心里话，并提供更多的资料。

2. 不要和客户争论

客户提出异议，意味着他表示需要更多的信息。一旦与客户发生争论，拿出各种各样的理由来压服客户时，销售人员即使在争论中获胜，也会彻底失去了成交的机会。

3. 不要攻击客户

销售人员在解决异议时不应伤害到客户本身，要注意保护客户的自尊心。如果客户的异议不明智、没道理，那么你不应嘲讽和打击对方的情绪，伤害他们的自尊心。即使你取胜了，但你也丢失了这笔生意。

4. 选择适当的时机答复

优秀的销售人员不仅要能对客户的异议给予一个比较圆满的答复，而且要善于选择恰当的时机。懂得在何时回答客户异议的销售人员会取得更大的成绩。需要指出的是，绝大多数异议需要立即回答，这既是促使客户购买的需要，也是对客户尊重的需要。

站在客户的立场上，真诚化解客户的异议

有人把销售比作一场战斗，销售人员拼命想要说服客户，而客户则要千方百计地拒绝客户的说服。人们在被别人说服的时候，多多少少都带有一点抵触情绪。与其遭到客户抵触，不如站在客户立场，真诚化解客户的异议，这往往会有意想不到的效果。

在现实推销中，很多推销员几乎都有一个通病，即在好不容易见到客户后，就急不可耐地向他们推销自己的产品，迫不及待地想成交，生怕到手的生意再飞走了。殊不知，你这样做很可能会引起客户的逆反心理，你越是急于求成，他们越是犹豫不决。那么遇到这种情况怎么办好呢？其实，你不妨换个思路，多为对方做一些考虑，站在客户的立场上做一些有益于客户的事情，或许就能收到意想不到的效果。

客户就是上帝。只有一心为顾客着想的人，才会真正赢得市场，获得成功。这位机床推销员宁愿不做成这笔生意，也愿意帮助客户推荐另一家设备给客户，不仅更合适，还降低了购买成本。

因此，作为销售员的你，一定要多站在客户的角度去分析，去帮助客户，让他们认可你，认同你的产品，接受你的产品价格，让他们心甘情愿地为你的产品埋单，不仅有下次合作机会，还能带来更多的客源！

下面先请看一位推销员与客户的对话。

“你们是生产厂家，应该比其他家在价格上有优势啊，怎么会比一些经销商的价格还要高呢？”

“陈老板，我也认为现在防水涂料市场上的价格相差很大。对于经销商，我的建议是，虽然您对防水涂料的质量要求不高，但也要保证产品的稳定性。经销商拿货的厂家不固定，哪家便宜拿哪家。产品的稳定性肯定不如厂家，您也希望您购买的产品有一个很好的稳定性吧？”

“那也不会比他们高啊，哪有经销商的价格比厂家的价格做得低的？”

“陈老板，您说的这个问题确实是存在的。我给您算笔账：我们给您供货，还要对您进行技术指导，保证您使用的时候能达到最理想的效果；另外还得投入一定的资金对产品质量和稳定性的提高进行研究，这样才能不断提高我们产品的质量，也间接地提高您的产品质量。经销商可不会专门花钱做这方面的研究，您说是吧？”

“你跟其他厂家比起来，价格也不便宜哦！其他厂家也是能提供这些的。你就给我个最低价，能做就做，我就从你这边拿货了。”

“其实陈老板您可以想一下，同样的一个产品，可以用和用得非常好是不同的。如果您的客户用您的防水涂料，要求也不是很高，我也是建议您找再便宜一点的；如果说客户对您的产品质量要求高一些，那还是考虑一下我们家的产品。毕竟这个产品我们做好多年了，这个我也跟您提过的。当然，我们投入的研发，以及对产品质量的把控都比其他厂家要多一些。”

“我也知道，你们产品的质量确实不错。你要是再便宜些，我们就签合同，如果不能再便宜了，那只能先这样了。”

“我也知道陈老板肯定要考虑成本的，当然我们的成本比其他厂家可能也要高一点。这样好不好，我再给您降5块钱每桶，您那边成本节约一些，我们这边也就走个量，您也帮帮忙啦，我们的产品质量也在这儿。以后您用量大了，我再帮您向公司申请更低的价格。”

“那好吧，我知道你也为我考虑，你的为人也不错，我很赏识。先给我做份合同吧，以后拿货的时候给我优惠点。”

最后，这位陈老板拿了一批数量还不小的货。其实最后的价格也不是很低，还是有一部分利润的。针对这个案例来分析，客户要求低价是正常的，客户谈价格，我们就谈其他方面。尽量不要在价格上和客户进行拉锯战。然后陈列自己的理由，让客户能了解供应商高价的原因，让客户跟着自己的思维走。最后适当地给客户一些优惠，在保证利润的前提下，适当给客户降点价。自己利润少一点，客户成本低一点，交易也就顺利一点了。

因此，作为推销员，有时不妨站在客户的立场来谈下价格，适当让利，比简单地说我们的产品质量如何如何好要强得多，让客户认可我们的产品才是重要的。价格谈判过程中，我们随时都会被客户试探一下，因此，我们一定要沉住气，站在客户的角度和立场，切身为客户考虑，这样才是最好的。

那么，作为销售员如何才能在谈论价格上站在客户的立场上为客户着想呢？

1. 转变思想，为客户省钱

销售员要根据产品的定位合理地制定价格，转变思想，以薄利多销的态度做好服务，不要一味地追求高利润而错失客户。如今客户已日趋理性，你为客户省钱，客户会为你带来更多的生意。

2. 换位思考，做好售后服务

如今，售后服务不仅占有极其重要的地位，并且能够给相关企业带来巨额利润。只要服务好，客户还会再买。这样即使之前成交的价格低点，以后再次购买，总体价格就不会低，这样利润就不会下降。做销售做的是长远，不是图眼前利益。

采取有效应对策略，消除客户价格异议

价格异议是零售异议中最常见的异议，它是指顾客以推销产品价格过高而拒绝购买的异议。绝大多数顾客在购买商品时都希望得到更多的实惠，因此无论是真是假，也无论有没有支付能力，很多顾客都习惯和你讨价还价。他们往往会说“这也太贵了吧”“我没带这么多钱”“为什么比别的东西贵这么多”“打点折吧，我下次还会来”等。

面对顾客这种异议，销售员需要准确判断顾客对这件产品的喜爱程度和断定顾客提出的这种价格异议“是真还是假”并且采取积极有效的应对策略，最终让顾客最后下定决心购买产品。如果处理得好，根本不需要为顾客打折扣，顾客会乖乖地掏了腰包；如果处理不当，即使你为顾客打了很低的折扣，交易依然难以达成。

因此，价格异议的处理，不是与顾客针锋相对，而是按照步骤、套路逐渐化解而达成销售！

有一位顾客去某家用电器商场买电压力锅，当他看到价格后，脱口而出：“哎呀，你们商场压力锅太贵了！”推销员听了之后，并没有马上反驳，而是面带笑容委婉地对顾客说：“您说得对，一般顾客开始都有和您一样

的看法，即使是我也不例外。但您经过使用就会发现，这个牌子的压力锅质量非常好，您要是买一台质量差的，不仅有安全隐患而且使用不到一两年，相比之下这种压力锅的价格并不贵。”

在这个案例中，面对顾客对压力锅价格偏高提出异议，推销员先是表示与顾客有相同的看法，使顾客感受到自己得到了对方的理解和尊重，这自然也就为推销员下一步亮出自己的观点，说服对方铺平了道路。一般顾客都明白“一分钱一分货”的道理。当顾客得知电压力锅价格高是由于质量好的缘故时，也就不会再有争议了。相反，如果顾客一提出异议，推销员就立即反驳：“你错了，好货不便宜，你懂吗？”这样的话很容易伤害顾客的自尊心，甚至惹怒顾客，愤然离开。

这是最常见的一种消除顾客价格异议的方法和技巧。当推销员聆听完顾客关于价格的异议后，先肯定对方的异议，然后再用事实或事例婉言否认或纠正。采用这种方法最大的优点是可以创造出和谐的谈话气氛，建立良好的人际关系。

再请看一个案例：

在某建材家居市场，一位顾客欲买一套橱柜，但看到这里的标价比别处贵一些后，有些犹豫不决。这时推销员主动走上前向这位顾客介绍说：“我们这里卖的橱柜与别人卖的不一样。请您看看这木料、烤漆都是上乘的，做工也很考究，不仅结实，也很光亮。还有，我们的柜子比一般的要深 10 厘米，放物空间大 6%。我们的拉门也比一般的精致、灵活、耐用，不管怎么拉都非常方便自如。另外，我们橱柜的台面是进口不锈钢，耐用、结实，还不会留下划痕。这样一比您就知道，我们这里的橱柜与一般的橱柜不能相提并论。您多花上一点钱所得到的好处是一般橱柜的两倍以上。”

顾客听了推销员的介绍后，得知这里的橱柜有这么多的优点，也就不再犹豫了。

在此案例中，推销员面对顾客提出的价格异议，不急于答复，而是以自己产品的优势与同行的产品相比较，突出自己产品在材质、设计、性能等方面的优势，让顾客从心里觉得“物有所值”。反之，如果当顾客说“某某市场比你这里卖得便宜多了”时，你说“那你就去他那儿买去吧”。此言一出，生意十有八九会告吹。

总之，消除客户价格异议的方法多种多样，销售员在销售实战中，要根据顾客面对价格的态度，灵活调整自己解决顾客价格异议的办法，争取做到事半功倍。

在销售过程中，经常会遇到顾客提出各种价格异议，销售员该怎样选用恰当的销售语言与技巧来消除呢？除了以上介绍的方法之外，下面再介绍几种方法和技巧，与大家一同分享，希望能起到抛砖引玉的作用。

1. 实话实说

面对价格计较的顾客，销售人员在顾客提出异议的最初阶段阐述价格的公道性，现实说“法”，让顾客理解，使对方安心，不再抵抗价格，然后故意请求顾客帮忙介绍客源，使顾客保持兴趣，继续商谈或决定购买。

2. 明确产品优点

销售员在销售过程中，为使顾客接受价格，应该明确指出产品的最大优点，让顾客感觉花这个钱值得，然后针对这个优点进行证明或说明，使这项单一的优点成为影响顾客决定购买的最大因素，这也是在销售过程中销售员最常用的法宝之一。

3. 赠送物品补偿

在实际销售中，有的时候客户对价格不肯让步，这个时候销售员就要在力所能及的范围内，通过其他方式对顾客进行补偿，满足利益心理。如这个价格已经是底线了，我们实在不能再降了，这样吧，我多送给你一块这款手机的原装皮套，不知你意下如何？

4. 借助他人帮忙

销售员面对那些对价格死死纠缠不放的顾客，面对这样的顾客，聪明的销售员喜欢借助领导或者主管的帮忙，把这种较为棘手的价格问题转移给领导，或者和领导演双簧，让顾客感觉这个价格的下浮，的确不容易。让顾客承担一个愧疚或感谢心理。

5. 突出品牌

品牌，意味着安全；品牌，意味着信誉；品牌，意味着实力；品牌，意味着号召力。优秀的品牌是具有畅销力的，品牌名气大，就意味着定价的空间大。我们可以经常听到一些客户谈到对手价格时，总是一句“人家是名牌”来为产品的高定价搪塞。

6. 彰显产品售后服务

高规格、标准化的服务，也是削弱产品价格敏感度的方式之一。为什么有的产品价格高，但依然卖得好，除了产品质量好之外，其五星级的售后服务功不可没。因此，向客户充分阐述自己规范化、可以让客户高枕无忧地服务，也可以消除客户对于价格的异议。

7. 展示产品高科技含量

向客户展示产品所蕴含的高科技，比如，产品所采用的领先或者进口技术，相比于竞争对手有较强的产品性能等，就可以让客户理解产品价格高一些的原因。

寻找最佳发力点，把握处理客户异议的黄金时机

在处理客户异议时，一定要掌握处理客户异议的恰当时机。选择适宜的时机处理客户的异议常常和解决客户异议一样重要。能否选择最佳时机，是考察销售员能力和素质的重要标准之一。学会选择最佳时机处理客户的异议也是销售员必备的基本功。

把握处理客户异议的时机，把预先回答客户可能提出的异议做好，很重要。在销售过程中，销售员应敏感地感觉到客户可能提出的一些不同意见，并据此明确自己的思路，先发制人地抢在客户提出异议之前消除客户的疑问。

面对各种类型的客户，经验丰富的销售员都善于预测不同类型的客户会提出哪些不同的意见，客户对哪种产品会产生哪些异议。销售员在洽谈中觉察到客户会提出哪些异议时，可以按照自己的思路与擅长的手法，在合适的时间内提出客户关心的问题，并予以解释清楚。

某机构通过对几千名销售员的研究，发现优秀的销售员所遇到的被客户严重反对的机会只是一般的销售人员的十分之一。这是因为，优秀的销售员对客户提出的异议不仅能给予一个比较圆满的答复，而且能选择恰当的时机进行答复。而懂得在何时回答客户异议的销售员往往会取得更大的成绩。

如果当客户在还没有完全了解产品的特性及利益前，提出价格问题时，最

好将这个异议延后处理。

示例：

客户："你这产品价格太高了。"

销售员："我可以理解您对价格的关心，但这个产品确实有这个价值，等下您体验后就会知道了。"

客户："装上 DVD 播放导航或视频吸引司机的视线，这对我们开车的人来说可是很危险的，这个问题应该怎样去平衡？"

销售员："先生，您的意见很正确，如果您不介意的话，我们稍后再讨论吧，到时您就会发现更有意义的答案。"

在某种情况下，有时马上答复客户提出的不同意见，反而对销售工作不利，这时可以采取延缓回答的办法。例如，客户说："你的价格可以降到多少？"销售员说："先别说，我们待会儿再来探讨！"其实，有些异议根本就不是真的，客户是想得到另外一样答案。

如果当客户提出涉及复杂的技术细节而销售员又回答不了的异议时，就需要请有关的技术人员来解答，这样的回答才具有更强的说服力，对于那些没有足够把握能马上答复的客户异议，销售员也要延迟处理，以便给自己留出更多的时间进行思考，筛选出最佳的处理方案。

掌握好处理顾客异议的最佳时机是销售员的基本功之一。处理时机有以下几种情况。

1. 提前应对

这是客户异议处理的最佳时机。因为当你觉察到客户会提出某种异议时，最好能在客户提出之前，就主动提出来并给予解释，这样可以为我们争取到主动的位置，先发制人，从而避免因纠正客户看法，或反驳客户的意见而引起的不快。

最好的推销技巧是在客户提出异议之前就将异议克服掉，同时有的客户没有提出异议，但他们的表情、动作以及谈话的用词和声调却可能有所流露，销售员觉察到这种变化，就可以主动为其解决。

2. 当即处理

一般情况下，客户都希望销售员尊重和听取自己的意见并做出满意的答复，因此，当即处理是处理异议的好时机，也是销售员必须回答的时间，否则客户会认为销售员不能处理这些异议而拒绝购买。

3. 推迟解决

有些客户异议，比如价格，如果当客户不了解你产品的优点的时候，马上回答势必会造成他认为价格偏高，从而全盘拒绝你的推销。这样的问题就要放在后面来解决。你可以愉快地说："我马上就要谈到价格了。""我很高兴您对价格感兴趣，过一会当我谈价格的时候，您一定会感到满意的。"或者"价格包含许多因素，如尺寸、型号、交易条件和装运等，等一会我详细来谈好吗？"

4. 无须回答

无须回答的异议，指那些无意义或不相干的反对意见，也许客户随便一说，也许就是他的一个托词。这要求你细心观察，如果他说的时候心不在焉，那你就不要理睬他。这种无意义的客户异议有时和客户的个性有关，比如争强好胜的客户等，如果回答反而会耽误正事，或者引火烧身，不回答客户异议也是一种推销技巧。但如果客户第二次提出来，那你就要注意了，这个问题对他很重要，你要马上解决，否则他会反感的。

巧妙应对客户的不同反应，异议调解中的说话术

在与客户面对面沟通时，销售员首先要学习的是对客户的反应做出准确的判断，避免一厢情愿地认为客户会怎样怎样。有玫琳凯销售皇后之称的杰西·卡娜说：“销售人员经常犯的一个错误是，他们很轻易地就根据客户的第一反应对客户下了断语，结果却忽略了很好的潜在主顾。”

在与客户面对面沟通时，客户的反应是不同的。当客户不断地提问题时，表示客户对你的产品或者服务具有高度的兴趣，你只要针对问题给予专业性的解说，让客户获得满意的答案就可以了。反之，则表明客户对你的产品或服务缺少兴趣。

另外，如果客户提出了各种条件，如讨价还价、要求赠品、要求延长保质期等，这是很明显的购买信号，客户要把握好成交时机。如果客户对你的介绍和成交价格没有提出任何要求，说明客户无意成交。

因此，销售员在与客户沟通的过程中，必须注意客户的反应，对客户的不同反应采取相应的措施，如果销售人员没有在这方面做任何准备，那么在遇到客户提出的异议、不满以及拒绝时，就会感到措手不及。

所以，优秀的销售员会细心观察客户的反应，留心客户的一举一动，了解客户的需求信号和购买倾向，从而采取相应的对策来增加交易成功的机会。

情景模拟：

销售员："先生，您觉得这款西服适合您吗？"

客户 A："很好，非常好。"

客户 B："我觉得一般。"

客户 C："不好，我不太喜欢。"

所谓众口难调，每位客户都有独特的生活经历、知识结构和偏爱喜好，形之于外，则表现为对西服的款式、面料、做工等方面的不同需求，又因为不同的客户的不同性格，他们的言行举止很有可能留给服装促销员一种假象，这就导致服装促销员时常会犯一个错误：很轻易地就根据客户的第一反应对客户下了结论，从而丢掉了潜在客户。

再看一个案例：

在一次展销会上，一位打算买冰箱的顾客指着不远处的另一个展台，对销售员说："那种 ×× 牌的冰箱和你们的这种冰箱是同一类型、同一规格的，但它的制冷速度比你们的快，噪声也比你们的小，看来你们的冰箱不如 ×× 牌的啊。"

销售员答道："你说得不错，我们的冰箱噪声是大点儿，但是仍然在国家标准允许的范围内，不会影响你和家人的生活与健康。我们的冰箱制冷速度慢，可耗电量比 ×× 牌的少得多。再说吧，我们的冰箱在价格上要比 ×× 牌的便宜得多，而且保修期要长 6 年，还是上门维修。

客户听后，脸上露出满意的神情。

对同样的事情每个人的反应是不一样的。因此，销售员应巧妙应对客户的不同反应，找到他们异议的突破点。因为，有时候客户提出异议只是其他问题的借口，比如说，客户说产品的质量不好，可实际上他更关心的是产品的价格。所以要弄清楚客户真正担心的因素，才能有效地解决客户质疑。

在销售过程中，销售人员不仅应该事先对客户可能出现的种种反应有所了解，而且还应该结合实际情况、根据不同的客户反应采取灵活的技巧加以应对。

1. 直接拒绝

应对这种直接拒绝的客户，最重要的是在沟通之前明确对方的需求，然后通过最简洁的方式指出他们的需求。当然，还有一个值得注意的问题，那就是一定要时刻保持最亲近人的微笑和最周到的服务，俗话说“伸手不打笑脸人”，你对客户的态度特别好时，他们也许就会对你以礼相待。

2. 提出质疑

面对客户提出的种种质疑，销售员特别要表现得信心十足，同时需要端正态度，向对方传递出值得信赖的和具有良好信誉的信息，比如拿出能证明你产品各种优势的真凭实据，然后在这一基础上根据客户提出的不同意见来进行洽谈。只有弄清客户真正担心的因素，才可能有效解决客户质疑，所以销售人员必须通过现象发现问题的本质，要善于观察和分析。

3. 对推销表示厌烦

面对客户对推销表现出的厌烦，很多推销人员都感到委屈和不满。但是切记：任何时候都不要将自己的这些消极情绪带到与客户沟通的过程当中，因为如果那样的话，只会使事情变得越来越糟。

4. 拿不定主意

还有一些客户的反应既不是明确的拒绝，也不是质疑和厌烦，而是拿不定主意。对于表现出这种反应的客户，推销人员必须要有足够的耐心，要逼迫他马上做出决定，并且通过自己真诚和良好的服务去赢得对方的信任。

5. 对你的介绍不做任何反应

客户拒绝或提出异议并不可怕，因为根据客户的反应，推销人员可以掌握一定的信息，这有助于下一步行动的展开。可是，有些客户却根本不给推销员以掌握信息的机会，他们往往一言不发，脸上任何表情也没有，也不直接拒绝，没有任何反应。

此时，推销人员不能自顾自地介绍自己的产品，而应该想办法借助提问或者其他表示亲近的方式引导客户参与到沟通活动中来。

化解客户负面情绪，消除客户心理异议

在销售过程中，销售员难免会遇到带有负面情绪的客户，如果遇到这种无理指责的客户，销售人员要学会去化解客户的这种负面情绪，以便更好地做销售工作。

当客户表示不满时，请务必首先做好“听取”不满的准备，必须抓住这个时机，尽量消除他的不满、不快，使他变为满意。当客户讲话时，他便会不自觉地向你发出一些报警信号，能否敏锐地捕捉住这些信号至关重要。请仔细听取，别打听他的话，听取他要向您讲的一切，即便是最大的委屈，一经说就自然会平息下去。

在消除客户不满时，第一步就是要学会倾听。即聆听客户的不满，聆听客户不满时，须遵循多听少说的原则。销售员一定要冷静地让客户把他心里想说的牢骚话都说完，同时用“是”“的确如此”等语言及点头的方式表示同情，并尽量去了解其中的缘由，这样一来就不会发生冲突，甚至是吵架。

七情六欲是人之本性，在做销售的过程中，销售人员要了解客户的负面情绪。只有了解了客户的负面情绪，才能找到引导客户的突破口，进而才能成功达成交易。

销售员孙刚经过努力终于见到了客户：“您好，您今天的气色看上去很不错，有什么高兴的事吗？”

客户："气色不错？今天碰到了一大堆和我过不去的事情，还能气色不错？"

孙刚："噢，真对不起。我是听说贵公司准备购买一批中央空调，不知道您是否愿意了解一下我们公司最新研发的产品？"

孙刚："中央空调？你是哪家公司派来的？"

孙刚："我是 ×× 空调制造有限公司的销售员，我们公司最近研发一款空调制冷效果特别好，特别适合贵公司对产品的要求。不知贵公司具体进展如何？"

客户："我们刚有这个方面的意向，具体如何采购我不能向你透露太多信息。"

孙刚："这个我知道，我这里倒有一些信息可以和您共享……您觉得各种产品的特点如何？"

客户："我没有时间一一评价这些东西。"

孙刚："那您就挑最感兴趣地说一说吧。"

……

聊到最后，客户对孙刚表示，一些事情可以随后再具体详谈。

从上面的例子可以看到，客户始终具有较强的逆反心理，对销售员一副拒人于千里之外的架势。对于客户的这种负面心理，销售员必须掌握相应的沟通技巧，如避免在介绍或提问时设置谈话的界限，让客户自己来表达自己的意见，帮助客户平静情绪，避免正面交锋等。只有消除客户的负面情绪，才能让沟通得以延续。

那么，销售人员该如何化解客户负面情绪？下面介绍了几种化解客户负面情绪的方法，可供参考。

1. 过激言行

人很容易受情绪的左右。在这样的时候，销售人员就会有很大的屈辱感。但是销售人员需要努力从心里忽略这些过激言行，尽量保持内心的平静，避免刺激对方，从心理上为化解不愉快的局面做好准备。

2. 耐心倾听

从心理上接受和理解客户不当言行的同时，还应认真地倾听，用冷静的语气引导客户说出心中的怨气。只有掌握到不良情绪的原因，你才能思考和分析当前的状况。

3. 换位思考

不妨站在客户的角度上思考，理解客户的难处，从表面的消极言行中挖掘出积极的善意，体会客户的善良本意。如果仅凭自己的猜测去推断对方的意图，往往轻则有偏，重则相反，甚至辨不清敌我。

4. 诚意道歉

销售员在道歉时要有诚意，绝不能口是心非，皮笑肉不笑，或只是任由客户发泄，自己站在一旁傻笑，让客户感到这个销售员在愚弄自己。因此销售员在处理抱怨时应该是发自内心的，不论客户的抱怨合不合理，都应该向客户表示歉意。

5. 主动迎合

当客户愿意当面指出你的不足时，正说明他还抱有进一步合作的愿望。你与客户存在认识上的差异，只能说明你们的沟通才刚刚开始，彼此需要建立沟通的方式和渠道以及建立信任的基础。迎合，正是为了让客户对你产生亲切感，愿意和你沟通。

6. 说出真实感受

这时候，你真诚地说出自己内心的感受，坦言自己的难处和苦衷，相信此时，客户也能换位思考其主张和异议是否合适，其情绪化的举动也就告一段落。客户会因为你的理解而平息大部分怨气。

7. 巧妙应对

当客户对某个销售员感到强烈的不满时，便会产生一种排斥的心理，假如该销售员继续按照自己主观的想法向客户解释，客户的不满与愤怒就会更加加剧。所以在此情况下，最好的方法是请该销售员暂时回避，另请一位销售员去协调。

第十章　心理人脉术：不做一锤子买卖，让客户带来更多客户

销售，是一个连续的活动过程，只有起点，没有终点。成交并非是销售活动的结束，而是下次销售活动的开始。在成交之后，销售员能够关心顾客，向顾客提供良好的服务，既能够保住老顾客，又能够吸引新顾客。

销售有形，售后服务却无形

每当销售员与客户成交之后，有些销售员认为万事大吉了。其实，成交并不是销售的终点，真正的销售从售后服务开始。

因为销售是一种服务，优质服务就是良好的销售。你的服务令顾客满意，顾客就会再次光临，并且会给你推荐新的顾客。“你忘记顾客，顾客也会忘记你”，这是国外成功销售员的格言。在成交之后，继续不断地关心顾客，了解他们对产品的满意程度，虚心听取他们的意见，对产品和销售过程中存在的问题，采取积极的弥补措施，防止顾客流失。

世界著名的推销大师乔·吉拉德说过：“我相信推销活动真正的开始在成交之后，而不是之前。”推销是一个连续的过程，成交既是本次推销活动的结束，又是下次推销活动的开始。推销员在成交之后继续关心顾客，将会既赢得老顾客，又能吸引新顾客，使生意越做越大，客户越来越多。

在产品同质化日益严重的今天，售后服务作为销售的一部分已经成为众厂家和商家争夺顾客心智的重要领地，良好的售后服务是下一次销售前最好的促销，是提升顾客满意度和忠诚度的主要方式，是树立企业口碑和传播企业形象的重要途径。售后服务做得好，若能达到顾客提出的要求，顾客的满意度自然会不断提高；反之售后服务工作做得不好或者没有去做，顾客的满意度就会降低，甚至产生极端的不满意。

为什么要售后服务？企业卖的是什么，可以吸引顾客的是什么？有人会说是产品，有人会说是形象。其实不然。全球著名的跨国旅游集团希尔顿饭店的创始人希尔顿在回答经营诀窍时回答道："请你在离开我的希尔顿饭店时留下改进意见，当你再次光临我的饭店时就不再会有相同的意见——这就是我的经营诀窍"。在德国大众汽车流传着这样一句话：对于一个家庭而言，第一辆车是销售员销售的，而第二、第三辆乃至更多的车都是服务人员销售的。服务的本质是销售。

小赵是一名出色的自动化系统设备销售员，当别人问起他为何销售业绩那么突出，他给大家说了一个他亲身经历的故事：

"记得在去年某天的一个深夜，一个客户的公司自动化控制系统出现了故障。当故障发生后，客户马上就给我打了电话，说希望能在第二天一大早就派人上门维修。当时，我马上就把我们公司负责维修的两个工程人员叫了出来，三人一起连夜赶到客户公司抢修。第二天早上，当客户出现在公司得知此事后什么话也没说，之后他一连给我们介绍了 7 个客户。"

小赵说："我相信，只要售后服务工作做到家，那么其他什么问题都会迎刃而解。现在的客户都很理性，只有当客户认可了你的人，他才可能认可你所销售的产品，并乐意向他的关系网中介绍。做好自己应该做的事，客户就没有理由拒绝你。实践证明，只要跟我们坐下和我们认真洽谈过的客户，大多都被我们的诚意和服务品质所打动，一般都会爽快与我们签约。"

绝大多数公司都会强调客户服务，但是绝大多数公司也只是把客户服务挂在嘴上，一旦碰上麻烦时就避之唯恐不及。什么客户利益、客户口碑都不要了，关心的只是在口袋中的钱。如果你的售后服务做不到家时，再好的产品也是白搭。因此，在销售后要做好客户关系，不然的话，即便能做成买卖，那也是一锤子生意。

很多销售员都会把销售出去产品作为销售的最后环节，这对于消费市场来说或许还可以理解，但是对于销售员来说，销售出去只是销售过程的开始。销售员需要做的事很多，客户的各种使用问题以及更新维护都是基本工作。因为将商品卖出并不等于销售工作已经完成。重视售后服务是赢得客户的法宝。

许多销售员将产品售出后便不闻不问。须知，没有售后服务的销售，在客户眼里是没有信用的销售；没有售后服务的商品，是没有保障的商品；而不能提供售后服务的企业和销售人员，其最终也无法赢得客户的信赖和忠诚。

售后服务是销售活动的一个重要组成部分，通过开展售后服务可以满足客户的一些需求；同时，通过提供售后服务与客户接触的机会，还可以起到联络感情、搜集情报的作用，有远见的企业和销售人员对此应该好好利用。

销售有形，售后服务却无形。真正的销售从售后服务开始。那么，作为销售员，该如何做起呢？

1. 售后回访

对于购买你的产品的客户，你要经常做回访，直到客户使用熟练为止。在还没有熟练之前，客户总会遇到许多问题，尤其是那些非常专业的知识，客户使用的时候一定会遇到很多难题，这就要求销售人员做一些经常性的售后访问。

2. 提供最新信息

在售后，你可以为客户介绍公司的新产品、新服务项目，不断与客户建立良好的关系。客户随时能得到第一手的新信息，有利于下次再购买你的产品。

3. 经常性拜访

经常去拜访客户非常重要，拜访并不一定是为了销售，主要目的是让客户感觉到销售人员和企业对他的关心，同时也是向客户表明企业对销售的商品负责。但拜访行为更自然一些，不要使客户觉得销售人员的出现只是有意讨好，更不要因拜访而干扰客户的正常生活。

4. 书信电话联络

书信、电话都是联络感情的工具。当有些新资料需要送给客户时，可以附上便笺用邮寄的方式寄给客户，客户对收到的函件会感到意外和喜悦。用打电话的方式与客户联络也是一种很好的方式，偶尔几句简短的问候会使客户感到高兴，但对于这些友谊性的电话，要注意语言得体、适当，不能显得太陌生、离谱。

5. 赠送纪念品

这是一种常见的操作手法。这种方式至少可以起到两种作用：一是满足人们贪小便宜的心理；二是可以借此作为再次访问及探知客户购买意愿的手段，这是成功销售的一种技巧。

充分重视客户的不满与投诉

客户投诉是售后服务的一大话题，也是令许多销售员头疼的难题。投诉对销售员来讲，是“坏事”，更是好事；是难题，更是机会。客户的投诉会促使销售员为客户更好地服务。正如松下幸之助曾这样说过：“人人都喜欢听赞美的话，可顾客光说好听的话，一味地纵容，会使我们懈怠。没有挑剔的客户，哪有精良的产品？所以面对客户的投诉，我们要虚心求教，这样公司才会更快地进步。”

在接待客户的投诉时，因为开始并不知道客户的投诉是否合理，所以销售人员应该耐心地听客户把话说完，无论投诉是否合理，作为销售人员都必须以理性思维的方式耐心倾听、询问。在受理了客户的有效投诉之后，便进入了处理该投诉的关键环节，销售人员应迅速地将投诉信息进行归类，分清应该由哪个具体部门负责解决，并将信息反馈给部门负责人。

俗话说，凡事都要有个来龙去脉，有头有尾。所以把问题反映给具体部门后绝对不能就这样置之不理，而应该时刻关注问题的处理情况，并及时通过电话对客户进行回复，了解对投诉的处理结果以及满意度。应该注意的是，对客户的投诉处理进行回访时，我们必须做到一对一的回访，决不能顾此失彼。

值得一提的是，对待顾客投诉切忌躲、拖、哄、吓，“躲”躲不住，“拖”拖不掉，“哄”哄不好，“吓”吓不跑，只有认真负责、及时处理，才能让客户满意，真正解决客户投诉问题。

在客户投诉中，大多是因为产品质量问题，客户要求退货，也有的是客户对产品不满意，要求退货。当客户购买产品之后，又以产品不满意为由，要求退货，这对于销售员来说无疑是一个棘手的问题。出现这种情况，往往不是产品本身有问题，而多数是客户主观臆断的结果。因此也有不少销售员表现出强硬的态度，坚决不予退货，结果常使双方谈话进入僵局，致使客户退货要求更强烈。

其实，这些销售员的初衷并没有错，但是其做法确实不可取。想要消除客户的退货心理，销售员就应该端正客户对产品的认识，使客户对产品满意，这就需要客户掌握一定的方式方法来恰当地处理这种情况。

请看下面的客户投诉情景案例：

销售员：“秦姑娘，很高兴再次和您见面，我记得您上周在我这里买下了一件漂亮的裙子，不知道您今天想选购些什么？”

客户：“我不是来买东西的。上周在你这里买的裙子太容易脏了，刚穿了两天就脏了，我想退货。”

错误应对：

（1）这不是质量问题，所以我们是不给退货的。

（2）这个颜色是您自己选的，当时您还特别喜欢，现在您又不喜欢了，这个是您的个人原因，退不了货。

（3）您买的时候不是很喜欢吗？这个我们也没办法，给您退货不可能。

面对这种情况，有的销售员会对客户言辞激烈、态度急躁，或是只给予简单机械的解释了事，但是这常会给客户留下竭力推卸责任的印象，自然难以得到客户的认同。对于这种退货要求，那些有经验的销售员却总能应付自如，这是因为他们有着一套正确的解决方法：

正确应对：

（1）

销售员："真是对不起，因为这件事，让您在这么热的天气跑来跑去很辛苦。我明白您的意思，不过，现在像您这样的年轻女孩儿都喜欢穿白色裙子，一来好搭配衣服，二来在夏天里显得干净清爽，您第一眼就选中了它，我也觉得很适合您。其实它的清洗很简单，它的材质和做工非常精细，可以手洗或者机洗都可以"……

（2）

客户："上周我从你这里买的裙子颜色太奇怪了，回去搭配哪件衣服都觉得不合适，你还是给我退了吧。"

销售员："秦姑娘，这种裙子的颜色是今年的流行，非常漂亮，又充满活力，其实您只要掌握正确的色彩搭配法则，完全不用有这个担心，我们这里有一个色彩搭配图册，我来帮您搭配一些适合的颜色……"

（3）

客户："上周买下这款裙子之后，我突然发现身边有不少人都穿着相同款式的裙子，款式太普通了。这裙我还没有穿过，标签还在上面，能不能给我退货啊。"

销售员："是这样，其实我们的产品卖出后一般都是不退不换的。不过您既然没有用过，我们可以考虑给您换货，我们最近又到了一批新款裙子，样式非常漂亮，您可以在这些裙子中选一款您更喜欢的。"

要成功地处理客户投诉，先要找到最合适的方式与客户进行交流。很多销售员都会有这样的感受，客户在投诉时会表现出情绪激动、愤怒，甚至对销售人员破口大骂。此时，销售员要明白，这实际上是一种发泄，把自己的怨气、不满发泄出来，客户忧郁或不快的心情便得到释放和缓解，从而维持了心理平衡。此时，客户最希望得到的是同情、尊重和重视，因此销售员应立即向其表示道歉，并采取相应的措施。

任何企业都不能保证他们的产品和服务永远不出问题，因此客户的抱怨和投诉也就不可避免。作为一名成功的销售员，面对客户的投诉，应从容不迫，巧妙地运用各种技巧将危机一一化解，使客户盛怒而来，满意而归。

那么，面对客户的投诉时，销售员该如何处理呢？

1. 耐心倾听

在实际处理中，要耐心地倾听客户的抱怨，不要轻易打断客户的叙述，也不要批评客户的不足，而是鼓励客户倾诉下去让他们尽情发泄心中的不满，当耐心地听完了客户的倾诉与抱怨后，当他们得到了发泄的满足之后，就能够比较自然地听得进服务人员解释和道歉了。

2. 语言得体

在解释问题过程中，销售员说话应注意措辞，要合情合理，得体大方，不要一开口就说伤人自尊的语言，尽量用婉转的语言与客户沟通，即使是客户存在不合理的地方，也不要过于冲动。

3. 态度友好

客户有抱怨或投诉就是表现出客户对企业的产品及服务不满意，从心理上来说，他们会觉得企业亏待了他。因此，如果在处理过程中态度不友好，会让他们心理感受及情绪很差，会恶化与客户之间关系，反之，若服务人员态度诚恳，礼貌热情，会降低客户的抵触情绪。

4. 处理迅速

处理投诉和抱怨的动作要快，一般接到客户投诉或抱怨的信息，即向客户电话或传真等方式了解具体内容，然后在企业内部协商好处理方案，最好当天给客户答复。

任何企业都不能保证他们的产品和服务永远不出问题，因此客户的抱怨和投诉也就不可避免。作为一名成功的销售员，面对客户的投诉，应从容不迫，巧妙地运用各种技巧将危机一一化解，使客户盛怒而来，满意而归。

打造完善的售后服务体系，提升客户满意度

销售是一个持续不断的过程，售后服务是最后也是重要的环节。要想做好售后服务工作，关键和根本目的就是要满足顾客的需求，让消费者满意。

在现实生活中，顾客的满意程度通常分为三种情况：第一种是需求没有得到满足，顾客感到服务不满意。第二种是没有不满意，也没有十分满意。第三种就是满意，售后服务超出了顾客的预期，顾客的反映就是满意、心存感激。既而会为产品和品牌说好话、做宣传，产生我们所说的口碑效应。这第三种情况才是我们所努力的目标，也是售后服务的宗旨。让顾客满意可以说是售后服务的最高标准和最高境界。

做好售后服务，关键是要超常做好自己分内的工作，提供超出顾客预期的超值服务。比如说我们承诺接到维修电话二十四小时内上门服务，而实际上基本做到不超 6 小时就有人上门，这就是超过预期。而每次都是如此，并且提供非常专业技术的服务，这时顾客表现出的心理就会是满意。售后服务人员一旦把“让顾客满意”作为自己的追求来对待，就会从内心里热爱服务工作，把整个服务过程做得更好，更有效果，提供更加人性化的服务。

李女士在某家电公司购买了一台洗衣机。其后该机出现质量问题，公

司上门两次进行维修仍未修复，销售人员答应为李女士更换一台同品牌同型号的洗衣机。

就在当天，这家公司的销售人员在李女士家楼下拆开了洗衣机外包装，并抬上楼交给其家人，但未收回第一台洗衣机的三包凭证、说明书等资料，同时也未将第二台洗衣机的三包凭证等资料留下，双方未办理必要的交接手续，这家公司的工作人员即带第一台洗衣机离开。

李女士下班回家后发现第二台洗衣机内部有污渍、霉斑等，认定系使用过的洗衣机，就和销售人员交涉。销售员把责任又推到客服，客服说责任在营销。李女士无奈诉至法院，要求退还洗衣机。结果，这家公司双倍赔偿李女士的损失。

通过以上的案例，家电公司的销售员不仅没有做到售后应尽的义务，更谈不上让顾客满意了。其实在实际销售中，有些销售员肯定都会说自己的产品质量过硬，服务周到。可是在产品售出以后出现问题时，就会你推我，我推你，或者最后干脆推给客服，在关键时候，没有一个人出面来解决问题。这不仅使销售员没了信誉，更毁了整个产品及企业的信誉。

因此，提高自己的销售业绩，光靠销售技巧是无法取胜的。一位优秀的销售员只有给客户提供完美的售后服务，赢得客户的好评，才能把业绩提高。

两年前，孙先生在某小区买了栋别墅，别墅虽说不错，可毕竟是一大笔钱，以至于付款后总有一种买贵了的感觉。就在全家搬进新居三个星期之后，给他介绍别墅的销售员打来电话说要来拜访。孙先生不禁有些奇怪。

有一天早上，销售员果然来了。一进屋就祝贺孙先生选择了一所好别墅，之后他又和孙先生聊起天来，给孙先生讲了许多当地的小典故。他带着孙先生围着别墅转了几圈，把其他别墅指给孙先生看，说明孙先生的别墅如何与众不同。他还告诉孙先生附近有几个住户是很有名气的名人。这一番话让孙先生疑虑顿消、豪情满怀。此时，这位销售员表现出的热情甚至超过介绍别墅的时候。

销售员的热情造访让孙先生大受感动，一颗不安的心也平静了下来。孙先生确信自己买对了别墅，感到很开心。从此他们成了朋友。

销售员用了整整一个上午的时间来拜访孙先生，却没有利用这段时间去寻觅新的客户。他这么做吃亏了吗？不，一周之后，孙先生的一位朋友对孙先生别墅旁边的一座别墅产生了兴趣，孙先生便介绍他去找那位销售员。最后，孙先生的朋友虽然没有买那座别墅，却在那位销售员介绍下买了别处一栋更好的别墅。

非常明显，完美的售后服务是一种超出客户期望的服务。它并不是等客户有疑虑了、提出要求来了才去给予解决，而是在成交之时会更积极地展开，因为那表示你站在客户的立场，设身处地地为客户着想，竭尽全力为客户服务，希望使每个前来购买的客户都成为满意的客户。

例如，某百货公司在店堂内公开张榜："凡本公司售出的商品，一个月内包退、包换、包修。"强调尽量让顾客买到称心如意的商品，服装无论是款式不合胃口，还是尺码搞错了，只要没穿过，凭发票一个月内都可退；即使是穿过了，属商品质量问题，店铺保证修补；对于是不是质量两者之间的问题，店铺一定维护顾客利益，帮助解决。顾客有了"放心购买"感后，购买踊跃，成交率大大提高，经济效益十分见好。

如今，售后服务不只是一杯茶或一个问候，而是体现在售后服务流程中每一个环节，都应该在售后服务实施的过程中追求精益求精，并通过实施而不断改善，让顾客的满意度不断提高。

那么，怎样才能做到使顾客满意呢？应从以下几方面着手，提高售后服务的质量。

1. 做好售后服务人员的培训

要把售后服务做到让顾客满意，首先应抓好培训工作，加强对售后服务人员相关的培训，包括专业知识、服务态度、服务用语、服务规范等各方面的培训。良好的培训能使售后服务从业人员具有专业的产品知识、积极的服务态度和认真敬业的服务精神，在工作中能给顾客提供愈来愈好的服务质量，赢得顾客的满意。

2. 重视团队精神的培养

个人的力量是弱小的，每个售后服务人员对外都代表了品牌和公司的形象，售后服务各部门之间，领导和下属之间只有做到经常沟通，互相协调，才能把售后服务工作做到更好，才能让服务做到让顾客更满意。

3. 一切从顾客利益出发

沟通并不是售后服务人员简单地说出自己的想法，而是要详细了解顾客的想法和需求，站在对方的立场和利益想问题。一个好的售后服务人员不仅要了解自己所扮演的角色，还要清楚顾客的期待是什么。只有做好了与顾客的积极沟通，并帮他解决了实际问题，他自然也就很乐意接受你的意见和建议。

4. 提供超出顾客预期或者超值的服务

在售后服务工作中，经常提供超出顾客预期或超值的服务，是赢得顾客满意的最好的途径。令顾客满意的、好的服务会让顾客帮你推介产品，并能为企业和品牌做免费宣传。口碑效应所产生的销售是非常有效的，成交率和顾客忠诚度都比较高。这也就是现在所说的“服务营销”的道理。

定时回访客户，让客户记住你

客户就是上帝，可是销售与客户之间的关系，也像追求者与被追求者，微妙得很。追到手了该如何经营这段“感情”，是更为重要的环节。人与人相处，关系要靠维护才能更久远，销售员与客户的关系也是如此，如若做不好，老客户就会流失，这可是最让销售员心痛的损失。那么，我们该怎么维护好关系，防止老客户的流失。

在实际售后服务中，有的销售员只重视吸引新客户，而忽视保持现有客户，使自己把精力都关注于售前和售中，造成售后服务中存在的诸多问题得不到及时有效的解决，从而使现有客户大量流失。然而为保持销售额，则销售员必须不断补充“新客户”，如此不断循环。这就是著名的“漏斗原理”。

销售员可以在一周内失去 10 个客户，而同时又得到另外 10 个客户，从表面看来销售业绩没有受到任何影响，而实际上为争取这些新客户所花费的时间、精力等成本显然要比保持老客户多得多。因此，“漏斗”原理告诉我们销售员必须转变思维观念，对客户进行维护和售后的服务非常必要。

维护好与客户关系的必要条件就是：你首先具备诚实可靠的个人品德。一个信守原则的人最会赢得客户的尊重和信任。只有这样你才会赢得客户信任，你才有机会赢得客户对你企业产品的青睐。

另外，销售员应时刻想客户之想，急客户所急。在交易后，在第二天晚上，给客户一个电话，主要咨询客户对你产品是否满意。如果客户回答说“满意”，就祝贺客户做出了一个正确的决策，并希望以后多多合作；如果说“不满意”，就提出为客户服务，尽可能地为客户解决好实际困难，宁可自己稍微“吃亏”点，这样方可赢得客户心。

从事销售的人员都知道，对老客户的再开发相当于新客户的开发。因此，如何维护好老客户就成为很多销售员争着想做好的事情。

情景一：房子交付前的电话回访

房产销售人员：“唐先生，您好，我是××楼盘的置业顾问小陈啊，您明天就可以看到您的那套房了，我打电话问您一下，明天需不需要我陪您一起验验房啊？”

客户：“哦，真的啊？你明天有空吗？”

房产销售人员：“有空，我请了一上午的假，想专程陪您验一下房。买一套房不容易，我希望您能安心、放心地搬进这个新家。”

客户：“非常感谢你，那明天上午九点我们楼下碰头吧。”

情景二：客户入住之后的登门拜访

房产销售人员：“唐先生，您好，今天是您的乔迁之喜，我冒昧地来打扰您一家子，您不会介意吧？”

客户：“不会，不会，我很高兴你能来，太让我意外了。”

房产销售人员：唐先生，唐太太，我来带了两盆盆栽，以前听唐太太说很喜欢蝴蝶兰，所以特地选了这种花，希望能为你们的新家添加一分美丽。”

客户：“你太客气了，快进来坐。”

房产销售人员：“唐太太，你真的很不一般，居然能把家里布置得这么漂亮，我们的样板房都比不上你的新家啊！”

情景三：处理客户投诉之后的电话回访

房产销售人员：“唐先生，您好，上一次您跟我说新房有渗水的现象，不知道我们售后的同事去您家检修了没有？”

客户：“哦，他们很早就来了。”

房产销售人员：“渗水的问题处理好了吗？”

客户：“嗯，他们忙了一上午，渗水问题解决了。”

房产销售人员：“哦，那我就放心了。唐先生，给您造成这样的麻烦真的很抱歉，如果以后遇到什么问题，请您随时联系我。”

客户：“好的，谢谢你啊，小陈。”

房产销售人员在客户签约之前热情相待、关怀备至，客户可能不会有非常特别的印象，但是，如果客户签约了，人住了，甚至已经住上几年了，房产销售人员依然能与客户保持良好的关系，适时表达关怀，及时帮助客户，这样的售后回访与关系保持，才是最能赢得客户绝对信任与绝对好感的。

因此，优秀的销售人员能够始终如一地为客户服务，不仅做好签约前的销售工作，更看签约后的关系维护。时不时地一句问候、简单实在的一份小礼物、力所能及的一次援手，这些细节往往能将一个普通客户转变为老客户，甚至是忠诚客户。

下面，我们具体分析下该如何维护客户关系？

1. 周期性情感电话拜访

产品交易后，销售人员应周期性地打个情感电话拜访。不过情感电话拜访有两个注意事项：一是电话时间相对于非常规律性的周期性工作电话拜访而言要相对不规律一些，以在客户心目中弱化“工作”氛围，强化“感情”印象。

另外电话内容以“嘘寒问暖，使劲关怀”为主要内容。

2. 周期性实地拜访

其实正如同恋爱中的人一样：一百个电话也比不上恋人的一个拥抱。销售员应抽出时间去客户家拜访，去时可以带一些价值不高，但很实用的小礼品。如有条件的话，最好能结合一些小规模的培训活动，如商务礼仪、导购技巧等，要让客户感觉有所收获。

3. 重大节假日客情维护

在重要的节日、假日，销售千万不要忘记了客户，你可以致电问候、发电子邮件、邮寄贺卡等都可以，逢年过节，最好送些礼物。

掌握维护、留住老客户的技巧

维护老客户，开发新客户，这是每个销售人员都想做好的事情。一个公司要不断向前发展，在扩大新客户的同时，更不能缺少老客户的支持。

10 年前，IBM 的年销售额由 100 亿美元迅速增长到 500 亿美元时，IBM 营销经理罗杰斯谈到自己的成功之处时说："大多数公司营销经理想的是争取新客户，但我们成功之处在于留住老客户；我们 IBM 为满足回头客，赴汤蹈火在所不辞。"又如，号称"世界上最伟大的推销员"的乔·吉拉德，15 年中他以零售的方式销售了 13 001 辆汽车，其中 6 年平均售出汽车 1 300 辆，他所创造的汽车销售的最高纪录至今无人打破。但研究发现，乔·吉拉德 65% 的交易多来自于老客户的再度购买。他成功的关键是为已有客户提供足够的高质量服务，使他们一次一次回来向他买汽车。

可见，成功的销售员，把留住老客户作为企业与自己发展的头等大事之一来抓。留住老客户比新客户，甚至比市场占有率重要。据顾问公司多次调查证明：留住老客户比只注重市场占有率和发展规模经济对企业效益奉献要大得多。

根据研究发现，发展一位新客户的投入是巩固一位老客户的 5 倍。在许多情况下，即使争取到一位新客户，也要在一年后才能真正赚到钱。对一个新客户进行营销所需费用较高的主要原因是，进行一次个人推销访问的费用，远远高于一般性客户服务的相对低廉的费用。因此，确保老客户的再次消费，是降低销售成本和节省时间的最好方法。

留住老客户，还会大大有利于发展新客户。在商品琳琅满目、品种繁多的情况下，老客户推销作用不可低估。因为对于一个有购买意向的消费者，在进行购买产品前需要进行大量的信息资料收集。其中听取亲友、同事或其他人亲身经历后的推荐往往比企业做出的介绍要更加为购买者所相信。

最好的潜在客户就是目前的客户，如果您一直坚持这一想法，那么一定会与客户建立起长期关系。虽然所有的销售员最感兴趣的都是发展新客户，但您决不能忽视现有的客户。与开发新客户相比，维持老客户付出的时间和精力更少，更合算。

有经验的销售人员在稳定的老客户身上能实现大部分的销售额。因此每个销售员都需要发展老客户。但许多人想当然地认为老客户就是自己的客户，这不对，因为你在寻找新客户时，竞争者也同样在这样做。而且作为竞争者，他同样会想尽办法挖走你的客户。所以，你要提供比竞争对手更好的服务留住老客户。

小郭是一名汽车销售员。刘先生是他的老客户了，前几年买了一辆丰田车，最近又在他公司购买了他的第二辆丰田车。连买两辆丰田车的最根本原因，除了刘先生喜欢丰田车之外，其中一个重要的原因是小郭的优质售后服务。

刘先生第二辆红色丰田车，一次不小心被伤了漆。刘先生把这事告诉了小郭，小郭二话没说，就驱车去现场看了刘先生车的刮漆情况。当看到刮漆不是很严重，当时联系了保险公司。小郭还告诉刘先生，如保险公司不理赔，他们公司负责到底。刘先生很是感动。

很快，保险公司的人来了，行动倒是很利索，不容商量，就把刘先生的车拖到了一家汽修厂。“当时看着这家汽修厂的厂房挺大、设备齐全，人也热情，还挂着‘一类汽车维修企业’呢，所以就放心地把车交给了这家汽修厂”，刘先生这样告诉小郭。谁知当刘先生去取车的时候，发现车漆虽然喷好了，却根本没法看，新喷的地方和原车很明显的是两种红。但是汽修厂的人却反复说“我们是一级企业，技术上没问题的，喷漆的效果都这样，你去哪喷都不可能做到完全一样的”，得到这样的答复后，刘先生既生气又失望。

刘先生随即又把车送回小郭公司重新做了喷漆。当他取车时，刘先生一脸兴奋地说：“车子根本看不出来哪受过伤，跟新的一样”。从此以后，刘先生需要对车进行保养或修理的时候，只要一个电话告诉小郭，小郭就联系公司的保养或维修人员专门负责。

争取到新客户的是销售部，但是能够真正留住老客户的是售后服务。做好售后服务，看似简单，其实不易。若想真正赢得客户的信任和好感，远不是提个华丽的口号能够解决的。

失败的销售员常常是从寻找新客户以取代老客户的角度来考虑问题的，成功的销售员则是从保持现有顾客并且扩充新客户，使顾客越来越多，销售业绩越来越好的角度来考虑问题的。

开发新客户固然重要，但巩固老客户也必不可少。那么，如何才能做到呢？

1. 保持与老客户的定期联系

销售员必须定期拜访老客户，并清楚地认识到：得到老客户重复购买的最好办法是与老客户保持接触。

2. 更多优惠措施

给予老客户更多的优惠措施，如数量折扣、赠品、更长期的赊销等，而且经常和老客户沟通交流，保持良好融洽的关系和和睦的气氛。

3. 经常进行老客户满意度的调查

一些研究表明，客户每四次购买中会有一次不满意，而只有 5% 的不满意客户会抱怨，大多数客户会少买或转向其他企业。所以，销售员应通过定期调查，直接测定客户满意状况。了解了客户不满意所在才能更好地改进，赢得客户满意，防止老客户的流失。

4. 特殊老客户特殊对待

美国哈佛商业杂志发表的一篇研究报告指出：多次光顾的老客户比初次登门的人可为企业多带来 20%~85% 的利润。所以销售员要根据客户本身的价值和利润率来细分客户，并密切关注高价值的客户，保证他们可以获得应得的特殊服务和待遇，使他们成为企业的忠诚老客户。

销售员应该记住这样一句话：永远不要忘记老客户，也永远不要被老客户忘记。对新客户的销售只是锦上添花，没有老客户做稳固的基础，对新客户的销售也只能是对所失去的老客户的抵补，总的销售量不会增加。

想客户之所想，超出客户期望

美国十大营销高手、原 IBM 营销副总经理罗杰斯说：“获取订单是最容易的一步，销售真正的关键是产品卖给客户之后。”销售人员要想成为营销赛场上的获胜者，成交后还需要遵循“客户需求第一、客户感知优先”的基本原则，全力为客户做好售后服务，切不可因忽视任何一个环节而令客户失望。

销售人员在完成一笔交易后，并不等于和客户之间的关系就此结束了。销售是一个持续不断的过程，售后服务是最后也是重要的环节。

售后服务是一次销售的最后过程，也是再销售的开始，它是一个长期的过程。大家要树立这样一个观念，一个产品售出以后，如果所承诺的服务没有完成，那么可以说这次销售没有完成。一旦售后服务很好地被完成，也就意味着下一次销售的开始，正所谓：“良好的开端等于成功的一半”。

一个好的售后服务人员，总能够给客户留下一个好的印象，能够与不同类型的客户建立良好的关系，甚至成为朋友，实际上，你已经为下一次的合作增加了成功系数。当然这需要有扎实的技术功底、良好的职业道德和服务技巧。

售后服务在销售中的作用是很重要的，在整个销售过程中所占的比例大概为 60%~70%。售后服务做得好，销售人员就会在客户群中形成良好的印象，而良好的印象又可以为销售人员赢得巨大的潜在市场。俗话说“金杯银杯，不如客户的口碑”。如果售后服务不到位，引起了客户的反感，那么这个客户不仅不会再次购买你的产品，还会把这种负面信息传递给身边的人，从而对销售人员的事业前途造成很大的影响。反之，良好的口碑经过“口耳相传”，其积极作用也是非常显而易见的。

售后服务事业的宗旨是分享和共赢。销售人员只有站在共赢的角度思考问题，销售之路才会越走越宽。因此，销售人员在做售后服务的时候，在考虑自身利益的同时，也应充分考虑客户的利益，只有做到互惠互利，才能把销售工作做好。

在销售过程中，几乎每个销售人员肯定都会说自己的产品质量过硬，服务周到。可是在产品售出以后出现问题时，就会你推我，我推你，或者最后干脆推给客服，因此在关键时候，没有一个人出面来解决问题。这不仅使销售人员没了信誉，更毁了整个产品及企业的信誉。

一个销售员要想提高自己的销售业绩，光靠销售技巧是无法取胜的，只有给客户提供完美的售后服务，赢得客户的好评，才能把业绩提高。

售后服务需要走向“完美境界”：关注客户需求、采用多种手段、追求服务细节、重视服务态度。售后服务做得好，若能达到客户提出的要求，客户的满意度自然会不断提高；反之售后服务工作做得不好或者没有去做，客户的满意度就会降低，甚至产生极端的不满意。

那么，销售员如何才能做到想客户之所想，超出客户期望的售后服务呢？

1. 定期进行电话联系

销售人员可以在交易完成后定期与客户进行电话联系，这种方法既省时又省力，并且可以随时让客户感受到你的关心和体贴。在电话中，销售人员可以主动询问客户对产品的意见以及使用产品的情况，同时还可以了解客户是否又有新的需求。

2. 展开客户回访活动

在对客户进行回访之前，销售人员最好制定一个针对性较强的回访记录表，这样一来可以显示出你对这次回访的重视，二来也方便客户填写，另外还有助于你更准确地了解客户的意见和需求。

3. 随时告诉客户最新产品动态

销售人员还可以随时告诉客户有关本企业产品的最新动态，以满足客户的信息需求。这样可以方便客户随时掌握相关产品信息，从而更加关注你的最新产品。销售人员可以通过打电话、发邮件、送产品资料等方式来告诉客户本企业产品的最新动态。

4. 勤于向客户表示关切

很多善于与客户进行沟通的销售高手们都很注重在交易完成后对客户表示真诚的关切，注重客户的心理体验。比如，对客户的需要表示关心，或者只是对客户的心情予以抚慰，或者在特殊的日子里向客户表达问候等。做到这一点，对于销售人员来说并不是讲究技巧，而是保持一种关怀客户的态度和拥有一颗真诚待人的心，以及一份愿意为客户服务的勤劳。

5. 尽可能地为客户提供方便

要想使客户在交易完成后对你的产品保持尽可能长时间的青睐，那么销售人员首先应该尽可能地让客户感受到使用和享受产品的种种方便。最基本的工作如为客户安装产品，指导客户使用产品，介绍某些操作技巧等。

除了做到以上基本工作，还应为客户提供更优质的服务，其目的就是与客户建立起高度的信任，以使他们追随销售人员，而不是排斥和厌恶被推销产品。如果客户满意这种额外的服务，如果销售人员提供的服务确实可以极大地方便客户，而其他竞争对手却做不到这些，那客户就会产生非常愉快的体验，从而主动成为销售人员的忠诚客户，而且还会介绍更多的新客户前来。